選ばれるお店

繁盛店になるための最強ツール50のポイント

臼井浩二 著

セルバ出版

はじめに

以前、ある美容室のオーナーさんと電話で話をしたときのこと。衝撃的な発言を耳にしました。

「シャンプーや化粧品など物販の売上だけで1か月に170万円近くあるんです」。

カットやカラーを入れず商品の販売だけで、ですよ。…これって、凄くないですか?

実は、こちらのオーナーさん、過去に私が無料で配布している「手書きPOP7つの極意(2019年7月時点で6000名以上の方が購読)」を通じてPOPを学ばれていました。その後、大阪で開催したPOPセミナーに参加してくださいました。その際、「以前はお客さまに嫌われるのがイヤで商品を売るのが怖かったけど、POPを活用するようになってから売るのが怖くなくなっていきました」と言われていました。そして、さらにPOPを学び、継続的に実践された結果が冒頭の話です。

売上のすべてがPOPのおかげ、とは勿論言いません。ただ、POPが売上アップの1つのキッカケになったのではないかと思っています。

ずばり言います。POPをやれば、間違いなく今より業績がアップします。様々な販促の方法がありますが、POPの威力を知って正しく活用することで、あなたのお店が繁盛店になることをお約束します。

「繁盛店になりたい」

そう願われているのなら、何から着手しなければいけないと思われていますか？

「まずは集客」そのために「マーケティングを学ばないと…」「ネットに注力しなければ…」と思われる方も多いと思います。勿論、こうしたことに取り組むのは間違っていません。

しかし、一定の知識と時間がかかりますよね。今すぐ現状を変えたいのなら、まずＰＯＰに取り組みましょう。

紙とペンがあれば時間もコストもかからないのに、ＰＯＰをやらないで他の何をする！ と強く言いたいです。

ＰＯＰは、繁盛店になるために必要なすべての取り組みに活かせます。あなたが実践する集客・販売活動にＰＯＰの考え方を導入することで、その効果は何倍にも膨れ上がります。

「価格が安いから」「家から近いから」ではなく、「あなたのお店へ行くのが楽しい」「あなたに会いたい」あなたのお店をわざわざ選んで来店してくださるお客さまに囲まれながら、ご商売できるようになるのです。

ある道の駅では、売場づくりとＰＯＰの取り組みを連動させた結果、1年間で年商８００万円アップを実現しました。やれば即結果につながるので、従業員さんも業務が面白くなり、さらに日々の売上額にも敏感になりました。そのお店では、売場レイアウトと連動し、商品提案を積極的に取り組むようになった結果、「何だかこのお店、面白い」「他のお店とちょっと違う」と、顧客の滞在時間が長くなり、結果、顧客単価も上昇しました。

また、お弁当の宅配をされるある飲食店では、私が提唱する『人』を伝えるという訴求法を折込チラシに活用。初めての取り組みにも関わらず、かかった経費の3倍以上のリターンを回収できました。

これまで顔を見たことのなかった新規のお客さまの集客は勿論、継続的なリピート受注にもつながりました。通常であれば、1週間も経てばチラシ効果はなくなりますが、折込から数か月経過した時点でも注文が入り続けました。

その他にもライトな例で言えば、

・POPセミナー受講後、3000円の化粧水の前年販売量を、わずか10日間で超えた化粧品販売店
・POP講座の受講翌月に、おすすめ施術メニューの集客を前月の3・2倍にしたヘアーサロン
・店内配布と折込チラシを併用し、開業以来第3位の売上を記録した洋菓子店
・取り組み2か月で、重点販売商品の売上が前年比147%。店舗全体売上117%達成したご家族経営のカメラ店
・店頭ホワイトボードにPOPを貼ってわずか1週間で、新規患者を2名獲得した整骨院
・人口5000人の町で、客単価1万8000円のサービスをチラシだけで集客する美容室
・1枚のチラシからラジオ出演、数か月経過した今も問合せが止まない集客の仕組みを築いた中古バイク店など

これらは人口が多い都市部での成果ではありません。ほとんどが人口の少ない地方で、商圏の中

の限られたお客さまをターゲットにしているお店の成果です。

　ＰＯＰは、究極の販促ツールです。

　あの小さな紙1枚で、商品の価値を伝え、お客さまの心を動かし、購入という行動に駆り立てるすべてを兼ね備えています。ＰＯＰを学べば、繁盛店になる術がすべて学べます。『ＰＯＰ＝単なる商品販売ツール』との印象を持たれがちですが、その活用法を学べば、ご商売をされる方の誰もが叶えたい「集客」も実現できるのです。

　今回、本書を通して、なぜＰＯＰをマスターすれば繁盛店になれるのか？　言い換えると、ＰＯＰを軽視しているために多くのお店が逃しているチャンスを知っていただきます。そして、本書を手に取ってくださったあなたには、実際に結果を掴んでいただきたいと思っております。ですので、私がこれまで１２０社以上に訪問サポートし、累計２０００名以上のセミナー受講者とのやり取りの中から見出した『ＰＯＰで繁盛店になるための50のポイント』をお伝えします。

　これから学ぶＰＯＰは、恐らくあなたがこれまで抱いてきたＰＯＰのイメージと随分違うと思います。独特の字体や可愛いイラストを描いて、というＰＯＰではありません。１枚のＰＯＰの中に、商品に対する思い入れやこだわりをメッセージとして入れることで、あなたの人柄やお店が大切にしていること、考え方をお客さまに届けるものです。

　ＰＯＰを通じて、あなたのお店独自のこだわりやウリを伝えることで、商品の価格以外の価値を感じてくださるお客さまがあなたのお店に集まり始めるでしょう。

それでは心の準備はよろしいですか？　あなたのお店が新たなステージを迎える瞬間は、もう目の前です。その一歩を一緒に踏み出しましょう。

２０１９年８月

臼井　浩二

選ばれるお店　繁盛店になるための最強ツール50のポイント　目次

はじめに

第1章　なぜPOPを学べば、繁盛店になれるのか

1　小さなお店は誰と戦わなければならないのか…14
2　小さくても戦える！　POPと売場づくりで年商800万円アップ…16
3　実店舗がまず着手すべきこと…19
4　POPは小さなお店の究極の販促ツール…23
5　あなたのお店が選ばれる理由をつくる…26

第2章　あなたのお店は大丈夫？　よくある3つの残念ポイントとは

1　あなたのお店が逃すチャンス…32
2　アピールしない限りお客さまは逃げていく…33

3　売り逃しをしていないか…35
4　無料で集客できるチャンスを逃してないか…40
5　なぜ、あなたのお店は口コミやリピートが起こらないのか…42

第3章　POPを書くために 知っておきたい10のポイント

1　POPを書いても売れない理由…48
2　売れるPOPと売れないPOPの決定的違い…50
3　「魅せるPOP」と「伝えるPOP」…52
4　お客さまの心を動かすメッセージとは…55
5　商品を売るために必要なこと…58
6　再来店を誘う商品選択のコツ…60
7　POPフォーマット【レイアウト編①】～まずは設計図を描け…62
8　POPフォーマット【レイアウト編②】～間違いだらけの知識…64
9　POPフォーマット【サイズ編】～説明するより視覚に訴えかけろ…66
10　POPフォーマット【ツール編】～手書きのメリット・デメリット…68

第4章　突き刺さる『POPネタ』がひらめく10のポイント

1　ストレートに攻める～ズバリ〝ひと言〟で表現すると…72
2　死角から攻める～お客さまが〝知らない〟ことは…74
3　接客から攻める～売れたときに話していたことは…76
4　泣き落としで攻める～もっとも苦労したことは何…78
5　声から攻める～購入者は何と言っていた…80
6　ビフォーから攻める～どんな悩みがあった…82
7　アフターから攻める～どんな未来になれる…84
8　誰が、から攻める～あなたの1番のお気に入りポイントは…86
9　お客さまから攻める～購入者の共通点は…88
10　タイミングから攻める～なぜ今買ったほうがいいのか…90

第5章　「共感メッセージ」を生み出す10の法則

1　翌日から注文倍増！　共感を誘え～メリット・デメリットの法則…94
2　30秒でお客さまの心を掴む～ワンフレーズクエスチョンの法則…98
3　お客さまが本当に〝欲しい〟ものを見抜く～だから何？　の法則…100

4　お客さまの世界に入り込め～架け橋の法則…104
5　価格競争とは無縁の世界へ～人ウリの法則…106
6　身近であるほど売れる～プライベートの法則…108
7　説得力のあるメッセージをつくりだす～年賀状の法則…110
8　たった1枚で前年比140％超え～第三者の法則…113
9　お客さまを味方につけろ～共感ポイントの法則…115
10　ＰＯＰはラブレター～語りかけの法則…117

第6章　「売れるひと言」を見出す10のヒント

1　あなたの商品を人に喩えると～擬人化のヒント…120
2　弱点をさらけ出すと？　～あえて…のヒント…122
3　それって間違ってない？　ちょっと待って！　のヒント…125
4　もしも…がお好きなら～百発百中「必殺トーク」のヒント…128
5　お客さまは秘密に弱い！　～実は…ここだけのヒント…130
6　具体的にいうと～数字のヒント…132
7　あなたは使ってどうだった？　～体験談のヒント…135
8　価値を上げるには～希少性のヒント…137

9　お客さまは何も知らないとすると～質問のヒント……140
10　これで苦手意識を払拭～分身のヒント……142

第7章　効果倍増3つのヒント&最後の一押し7つの事例

1　継続のカギは○○！　モチベーションを持続する方法……146
2　売れるPOPかどうか、一発で見極める、ある質問……148
3　【POP=自信を掴む】最高のメソッド……150
4　事例①年商800万円アップを実現！　店舗シアター化大作戦……152
5　事例②中身を見せて前年比売上400%……156
6　事例③初月から倍々ゲームで売上を伸ばす自宅サロン……159
7　事例④サービス業必見！　物販が飛ぶように売れる究極のPOP活用術……162
8　事例⑤チラシに活かし、開業以来第3位の売上を達成した洋菓子店……164
9　事例⑥オンリーワンに必要なある存在に気づき、業績アップの飲食店……168
10　事例⑦1枚のチラシからラジオ出演、集客へつなげた中古バイク店……170

おわりに
特典

第1章

なぜ
POPを学べば、
繁盛店に
なれるのか

1　小さなお店は誰と戦わなければならないのか

●小さなお店が選ばれにくい理由

私がご縁をいただくお店は、地域でご商売をされている個人・小規模店の方が中心です。和洋菓子店や飲食店、美容室、バイク店、新聞販売店、治療院、道の駅、結婚相談所など業種は様々です。

一方、皆さんの悩みは、ほぼ共通しています。

「お客さまに来てもらうためには何をすればいいのか?」がわからないことです。

お客さまを集めたい、お店に来てもらいたい。そのためには、あなたのお店が選ばれる存在になる必要があります。そう、他店ではなく、あなたのお店が。そのためには理由が必要です。何か理由がないと、お客さまは来店してくれません。

例えば、あなたのお店が他店にはない独自の商品を持っていれば、選ばれる可能性は高まります。「ここでしか手に入らない○○」「マスコミで話題になった○○など」その商品を求めてお客さまが来店してくれます。他店で売られていなければ、価格競争に陥る心配もありません。

しかし、小さなお店では、そう簡単にいきません。飲食店など自社でメニューを開発できる場合はよいのですが、モノ（商品）を販売しているお店は厳しいですよね。似たような商品は、同業他店も扱っていますし、まして大手や量販店となれば、品揃えも豊富で、アクセスも便利。価格も1

〜2割安いのは当たり前。お客さまが小さなお店を選ぶ理由がますます見つかりません。

例えば、冒頭で少しご紹介した1年間で年商８００万円アップしたお店は、道の駅です。道の駅で販売する商品は、地元に根差したものでなければならないなどの縛りも多く、同一エリアだと、どこの道の駅へ行っても、似たような商品が販売されていることが多いです。

いわば、お客さまにすれば、どこのお店でも購入できる状況です。選ばれる理由をつくらない限り、常に競争にさらされ続けます。

●小さなお店が生き残る道

市場が成熟した今、どの業界も商品は溢れています。お客さまにすれば、何が違うのか？　区別がつきにくい状態です。どこでも同じような商品が売っているのならば、お客さまは、できる限り価格の安いお店、さらに大手やチェーン展開している安心感のあるお店で買おうとするものです（あそこなら悪いものは扱っていないだろうという心理が働きます）。

しかしながら、小さなお店はほとんどの場合、価格で大手には太刀打ちできません。ネームバリューでも分が悪いです。

品揃えやお店へのアクセスも勝負しづらいなか、一体どのようにして自店を選んでもらう理由をつくればいいのでしょうか？

ヒントは、前述した道の駅の取り組みに隠れています。

2　小さくても戦える！　ＰＯＰと売場づくりで年商８００万円アップ

●モチベーションに火を点けたのはＰＯＰだった

この章では、人口1万1０００人のある海辺の町の道の駅の事例をご紹介します。

売上アップの依頼があり、道の駅のサポートに入ることになったのですが、最優先で取り組んだのは、売りたい商品を売るためのお店づくりでした。「これまでは商品を綺麗に並べているだけだったけど、今では売りたい商品がお客さまの目に留まるようになり、意図的に販売ができるようになった」と、道の駅の支配人（店長）さんは、おっしゃいます。

詳しくは、後ほどお伝えしますが、売場レイアウトを見直し、その中でＰＯＰを効果的に活用することで、『売りたい商品が売れる』売場を店内につくっていったのです。

現在の道の駅の売場には、スタッフさんが書いたユニークなＰＯＰがたくさん並んでいます。スタッフさんの人柄が伝わるＰＯＰで、お店に親近感を感じてもらえるようになり、お客さまの滞在時間が延長した結果、購入点数も増え、顧客単価が上がりました。「お客さまの消費金額と滞在時間は、比例する」古くから言われる実店舗売上アップの原則の1つです（図表1）。

さらに話はこれだけで終わりません。ＰＯＰを導入したことで商品が売れるだけでなく、波及効果も生まれました。

Ａさんは、ＰＯＰを書くのが得意。Ｂさんは、売場づくりが大好き。ＡさんとＢさんに協力しておすすめコーナーの売場をつくってもらう。それぞれスタッフさんの得意分野を活かし、業務を担当したことで、スタッフさんのモチベーションに火が点きました（図表2）。お互いの得意分野を発揮することで売場の精度が上がったのは勿論、「何よりスタッフがお店に来るのが嫌そうじゃない。楽しく仕事をしているみたい」と支配人さんはおっしゃいます。

●年商８００万円アップの源泉とは

ＰＯＰは、お客さまの反応が変わったことがダイレクトにわかるため、従業員のモチベーションを高めます。今までの「やらされ」仕事が、特別な熱意を抱ける業務になるのを多くのお店で見てきました。

特に本書がお伝えするＰＯＰは、ただ商品を紹介するだけのものではありません。商品に対する思いや商品をつくった人を伝えることに重点を置いていますので、書き手の人柄がＰＯＰを通して感じられるようになります。そうすると、お客さまは、まるで従業員から話かけられているような気持ちになり、お店に親しみを感じ、自ら話しかけくれるようになるのです。これは実際に私が経験した話です。

ＰＯＰを書いて商品をおすすめするようになると、「これ、お兄ちゃんが書いたの？　この前、買ったら美味しかったわよ。ありがとう」お客さまから声をかけていただく機会が増えます。こうなる

〔図表１　年商800万円アップした道の駅の売場〕

〔図表２　従業員さんが書いたPOP〕

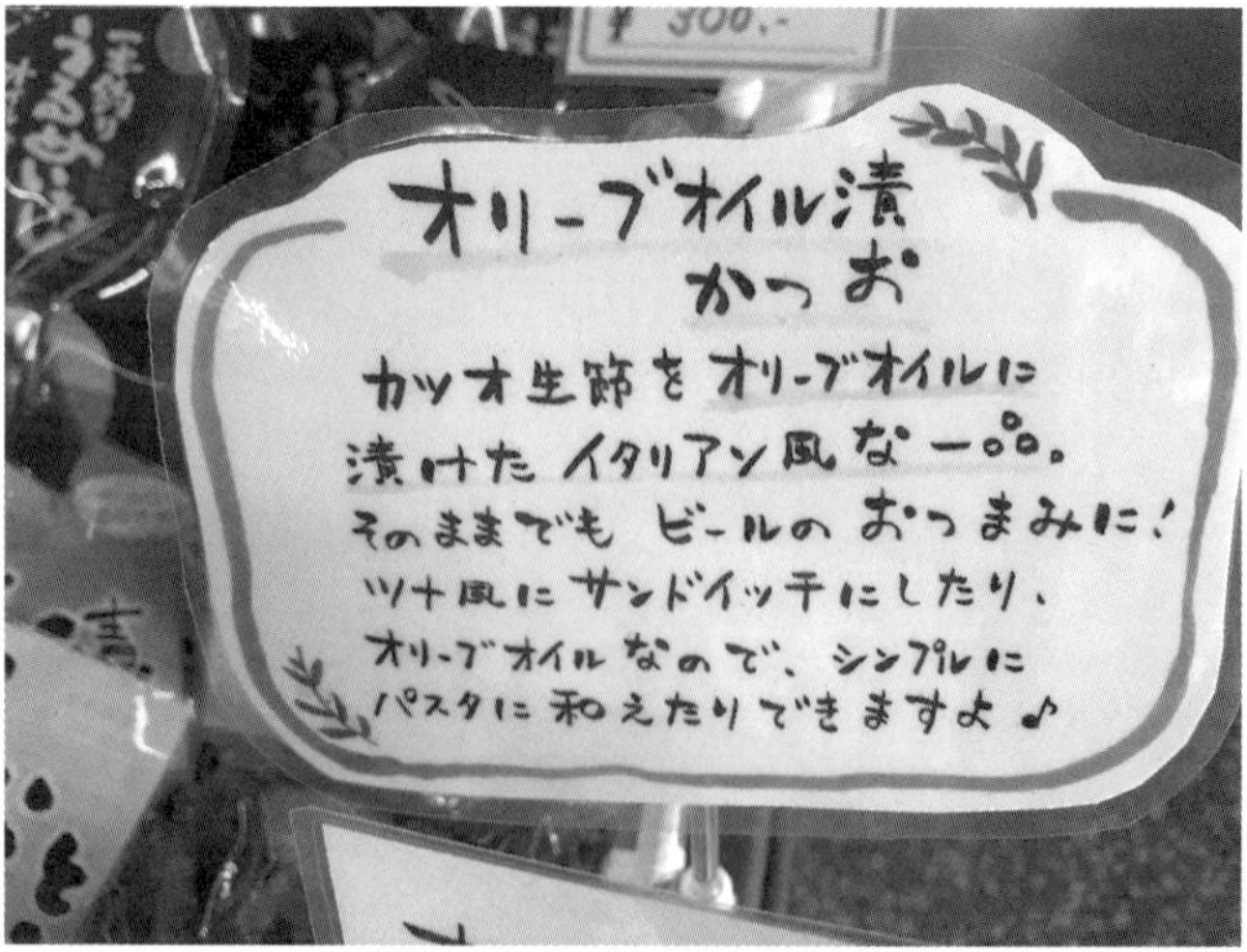

と、しめたものです。お客さまは、次から私がおすすめした商品をどんどん買ってくれるようになりました。

さらに、お客さまとのコミュニケーションを通じて、頼られる喜びや自分の存在意義を実感できるようになっていきました。

前述の道の駅のスタッフさんもＰＯＰや売場づくりなど、得意分野を活かした取り組みで成果が出始め、「次は、この商品のＰＯＰを書こう」「次は、これを試してみよう」と自発的な行動につながりました。お客さまの反応と売上の結果が、道の駅のスタッフの自信となり、業務へさらに積極的に取り組まれるようになったのだと思います。

このように、この道の駅は、お店づくりや従業員さんのモチベーションが好循環になったこともあり、地域の元気なお店としてマスコミに取り上げられる機会も増えました。地元新聞や全国放送のテレビ番組などで紹介されることで、新規のお客さまも続々と増えています。

3　実店舗がまず着手すべきこと

●インターネットが苦手な会員さん

先ほどお伝えしたように、私がご縁をいただく会員さんは、地域でご商売をされる個人、小規模店が多いです。そして、もう１つの共通点として、インターネットを活用できていない。どちらかというと、ネットを苦手とされる方が多いです。

今の時代、実店舗といえども、ネットの活用は欠かせません。

「ネットをやれば繁盛できる」「ホームページをつくれば集客できる」と、イメージが先行していますが、そこは少し違います。

インターネットは、あくまでも情報の伝達手段の1つです。コストをかけずに、一度に大量のお客さまへアプローチできる。これがインターネットの最大のメリットであり、手段の1つでしかありません。

この前提を踏まえた上で、あなたに1つお伝えしたいことがあります。

●アナログからネットに波及させる

実店舗を経営される会員さんには、業績を上げるための3つのステップをお伝えしています。実店舗が業績アップを狙う上で、まずやっておきたいアナログ媒体での販促、集客活動です。これらアナログ媒体を使った販促、集客ステップを順に実践することで、お店に好循環が生まれ、業績アップが実現します。

逆に、インターネットを活用するにしても、これら3つのステップを学んでおかないと、効果を存分に受け取れない。ツールだけ手に入れても無用の長物で終わってしまう可能性が高いです。

「臼井さん、その考えは時代遅れですよ」と感じられるかもしれません。ただ、ネットが苦手な方が、時間と労力をかけてネットを学ぶよりも、まず、アナログ媒体での販促や集客法を一通りマスターする。その後、その手法をインターネットに波及させるほうが、時間や労力も短縮できますし、その効果は何倍にも膨れ上がります。

●アナログ販促３種の神器

地域でご商売をされる実店舗が、まずマスターすべき３つのステップには、それぞれ３つのツールが存在します。そのツールとは、アナログ販促『３種の神器』と私が命名したツールです。

３種の神器の１つ目のツール。それは、ＰＯＰです。実店舗の業績アップに、ＰＯＰは必須です。さらに、残り２つのツールも一気に紹介します。チラシ、そしてニュースレター（お便り）です。なぜ、これら３つのツールが実店舗の業績アップに必要不可欠なのかをご説明します。

●売上を生み出す３つの要素

ＰＯＰ、チラシ、ニュースレター、あなたも一度は耳にしたことがある媒体ではないかと思うのですが、それぞれは、一体何のために使いますか？

まず、ＰＯＰを使う目的は、来店されたお客さまにもう一品、もうワンランク高価な商品を購入してもらうことですよね。いわば、顧客単価を上げることが、ＰＯＰを使う１番の目的です。

つづいて、チラシの目的は？　新規のお客さまを集めること。明白ですよね。

では、ニュースレターは？　顧客の定着、再来店してもらうことだと思います。これら3つをよーく見てもらうと、ある何かが見えてきます。もしかすると、勘の鋭いあなたは、既にピンと来たかもしれません。

売上を生み出すには、客数、顧客単価、リピート率の数字を上げればいい。そう、

【売上＝客数×客単価×リピート率】

勉強熱心なあなたなら、一度は目にしたことがあるかもしれない（なくても大丈夫です）、この公式。

いわば、この売上を生み出す公式とアナログ販促3種の神器は密接に関係しているのです。

●実店舗が業績を上げるゴールデンサイクルとは

客数を増やしたければ、チラシを撒く。顧客単価を上げたければ、ＰＯＰを書く。リピート率を上げたければ、ニュースレターを書く。売上を生み出す3つの要素が、それぞれ3種の神器と連動しているのです。

さらに、ここが肝なのですが、3種の神器の中でも特に、ＰＯＰは最も実践ハードルが低いツールであり、結果も出やすい媒体です。チラシやニュースレターなどと比べてメッセージ量が少なく、小さいものだと名刺サイズで、お客さまの心を動かし、購入へつなげることができます。

まずＰＯＰで、「どんな話をすれば、お客さまは喜ぶのか？」「どんなメッセージを書けば、購入

につながるのか？」、お客さまの心を動かす伝え方を学ぶ。

次にＰＯＰで学んだ伝え方を活用し、チラシやニュースレターを実践。

さらにいえば、そこで学んだお客さまへの伝え方を、あなたのホームページにも反映させる。そうすることで、成約率の高いサイトを実現できるのです。

「今の時代、ネットが不可欠だから」と、何十万円も投資したけど、さっぱり回収できていない。よくあるケースですが、あなたが同じ過ちを犯さないためにも、アナログ媒体での販促、集客、まず、ＰＯＰに取り組むことをおすすめします。

ＰＯＰは、ほぼ無料で実践できます。ペンや紙を買い揃えても、千円ちょっとです。ＰＯＰを学んでお客さまの心を動かす伝え方をマスターする。その後、チラシやニュースレター、ネットへ広げていく。

このサイクルが、実店舗が業績を上げる秘策なのです。

4　ＰＯＰは小さなお店の究極の販促ツール

●集客はＰＯＰで実現する

先ほどもお伝えしたように私は、ＰＯＰは究極の販促ツールだと思っています。「究極？　言い過ぎでは？」「ＰＯＰはＰＯＰでしょ」と思われるかもしれません。しかし、ＰＯＰを学べば、販促、集客活動に必要なことのすべてを網羅できるからです。

ＰＯＰは、たった1枚の紙でお客さまの心を動かします。お客さまに興味を持ってもらい、商品を購入していただく。この一連の流れを、あの小さな紙の中で実現できるのです。

どうすれば、お客さまは商品に興味を持ってくれるのか？　どうすれば、お客さまは行動（購入）してくれるのか？　あの小さな紙が、あなたの伝えたいメッセージを代弁してくれる頼もしいパートナーなのです。

ＰＯＰで伝える術は、接客であっても、フェイスブックといったＳＮＳにも活用できます。ＰＯＰで伝え方の本質を習得し、実際にチラシでの集客につなげている会員さんもいらっしゃいます。

●いきなり3倍以上のリターンを回収

飲食店と地域スーパーを経営される会員さんから、「お弁当の宅配サービスの認知度を高めるためにはどうしたらよいか」ご相談をいただいたことがあります。そのお店は、以前から宅配サービスをされていたのですが、認知度が低く、そのサービスをご存知でないお客さまも多かったため、折込チラシを配布することにしました。

結果は、初めての取り組みにも関わらず、投入した経費の3倍以上のリターンを回収することができました。さらに、チラシの折込から数か月経過した時点でも、注文が入り続けたのです。

実は、このお店の社長さんは、以前、ＰＯＰセミナーを受講されました。その際、お店のＰＯＰ

から始まり、お客さまへ配布するニュースレター（お便り）、そしてチラシに取り組まれましたが、「ＰＯＰの伝え方を学んでいたから、チラシをつくるのも苦じゃなかった」と言われています。

ＰＯＰでも、チラシでも、フェイスブックでも、相手が人である以上、伝えるメッセージの本質は同じです。お客さまが喜んだり、行動しようと感じるポイントは変わらないのです。

●ＰＯＰ＝コミュニケーションの極意

その他にも、ある地方のカメラ店では、ＰＯＰで伝えるノウハウをＤＭ（ダイレクトメール）に活用しました。お店の社長のキャラクターを前面に出したＤＭを作成し配布。結果、シーズンの重点販売商品の売上は、取り組み2か月で前年比１４７％、店舗売上も１１７％を達成されました。

また、人口約３０００人の町の洋菓子店では、お店のスタンスに共感してくださるお客さまに自店の存在を知って欲しいと、できる限りセールス色を抑えた折込チラシを配布。開業以来第３位の売上を記録しました。

さらに、都内の飲食店では、ポスティングチラシにＰＯＰの伝え方を活用。「以前までは、待ちの商売でしたが、今は何かやれば、何らかの成果を掴める手応えと自信があります。売上は確実に、安定的に上がっています」とオーナーさんは自信を持っておっしゃいます。

誤解のないようにお伝えしますが、「キャッチーな言葉は何だろう？」とか「インパクトのある言葉を知りたい」など、ＰＯＰの表面的なテクニックだけを学んでも、短期的な結果しか掴むことはできません。「どんなメッセージを伝えれば、お客さまは喜んでくれるのか？」「信用してくれるのか？」というＰＯＰの本質的な部分を学ぶ必要があります。

ＰＯＰの伝え方をマスターすることは、お客さまとのコミュニケーションの極意を習得することに直結します。ご紹介した方々のように、ＰＯＰの考え方を活用し、繁盛店になることは難しいことではありません。

5　あなたのお店が選ばれる理由をつくる

●大規模店ＶＳ小さなお店

ここまでご紹介したお店には、共通点があります。一体何だかわかりますか？

それは、商品以外の別の部分でお客さまに共感してもらい、結果を掴んだことです。ＰＯＰの極意はここにあります。ただ商品を販売するだけでなく、お客さまにお店のスタンスや考え方を理解してもらい、競合他店のどのお店よりも〝特別なお店〟として認識してもらう。これが、小さなお店が、お客さまに支持される繁盛店への道とも言えます。

これまでお伝えしたように、小さなお店が商品力だけで大手に勝負するのは至難です。お客さまとしては、品揃えの豊富なお店で、できる限り安く買いたいと思うのが当然ですよね。

競合は大手だけではありません。今はネットで検索すれば、大抵の商品は手に入ります。自宅にいながらポチッとワンクリックすれば、よい商品が低価格で自宅に届くわけです。こうなれば、価格以外の部分で選ばれる理由を生み出さない限り、お客さまは私たちを選んでくれません。

では先ほどご紹介した多くのお店は、どのようにして結果を掴んだのでしょうか？　ひと言で言えば、自店のウリ、お客さまに「選ばれる」理由を生み出したからです。

●価格以外の価値で選ばれるには

あなたがスーパーにレタスを買いに行ったとき、次ページ図表３の①と②、どちらを買いますか？

もう1つ。お店の方の思いやおすすめのメッセージが書かれたＰＯＰが、売場中に置かれたAの店。一方、商品がきれいに並べられているだけのBのお店。品揃えも品質も、販売価格も違いがないとしたら、あなたはAとBのお店、どちらへ買い物に行きたいですか？

私なら、生産者の顔写真とメッセージが貼られたレタスを選びますし、売場中にＰＯＰが設置されたお店へ買い物に行くと思います。

わざわざ顔写真とメッセージを書いた紙を袋に貼るのは、生産者にとっては手間のかかる作業だと思います。売場中にＰＯＰを設置するのも、時間と手間がかかります。

しかし、「ここまで手をかけてやっているのなら、きっと商品も丁寧につくっているのでは」「気の利いたお店じゃないか」など、お客さまにプラスの印象を持ってもらえるのではないでしょうか。

〔図表３-①　どちらのレタスを買いたいか?〕

〔図表３-②　どちらのレタスを買いたいか?〕

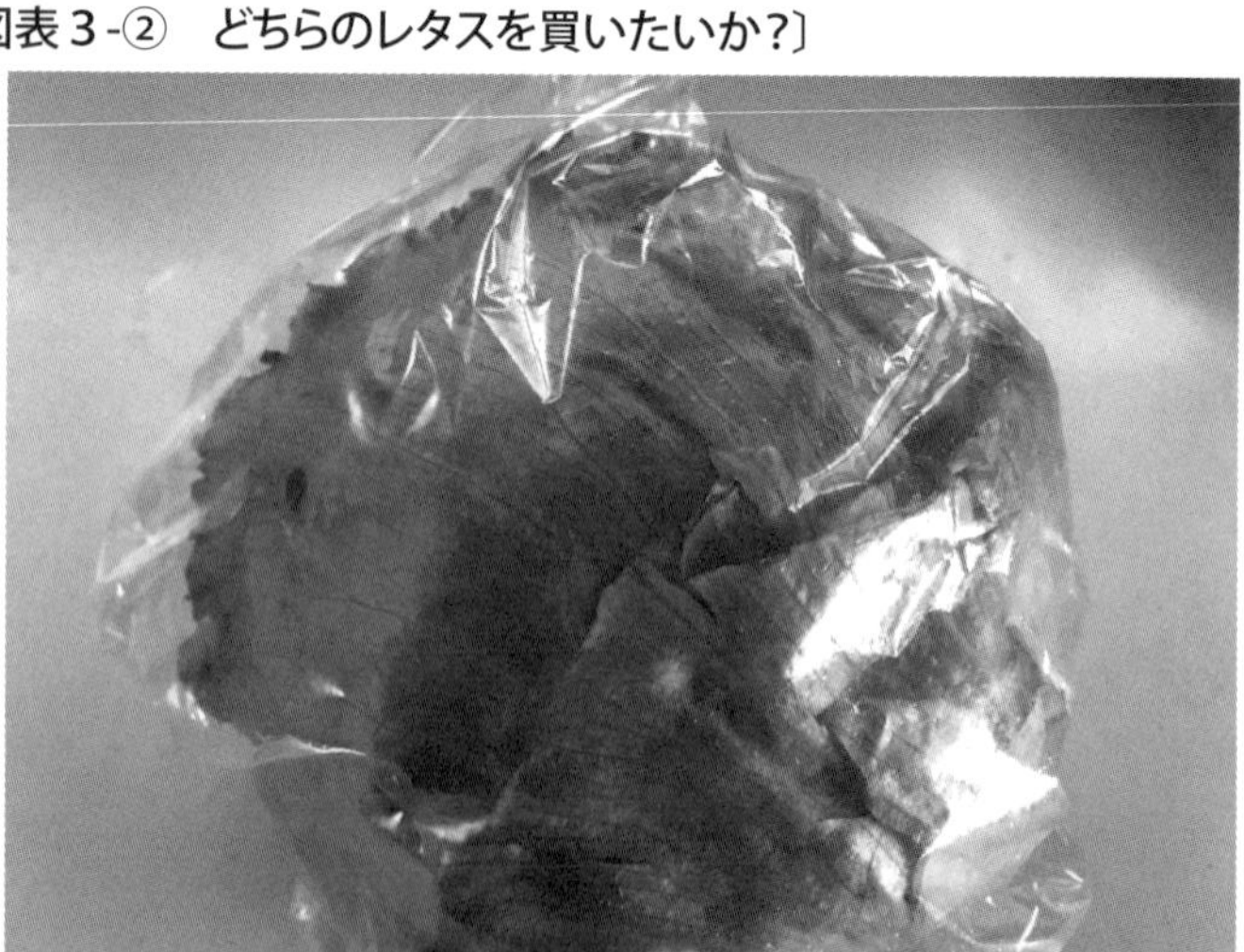

●正社員2名で年商1億３０００万円

私が30歳の頃に働いていた大阪の産直店は、正社員2名、売場面積30坪の小さなお店でした。周囲には、デパートが2店舗、全国にチェーン展開する大手スーパーが混在するなど競合がひしめく激戦区でした。

私たちがお店で使っていた什器や冷蔵陳列ケースの大半は、中古で譲っていただいたものばかり。お世辞にも、キレイな売場とは言えませんでした。また厳しい状況の中、私たちに与えられた販促費は、ほぼゼロ。チラシを配布するにしても、スタッフがみずからポスティング。コストをかけない方法しか道は残されていませんでした。

そんな中、試行錯誤した結果たどり着いた販売法の1つ。それが今回あなたにお伝えする手書きＰＯＰでした。

お店のウリの1つであった生産者の顔が見える野菜や果物。高知県から産地直送で農産物を送ってくださっていた生産者さんのこだわりや生き様を、ＰＯＰに書いて売場中に貼っていきました。すると、小さなお店に奇跡が起きました。

正社員2名の小さなお店ながら、年商1億３０００万円を達成。7年連続黒字。パート募集をすれば「娘を働かせたい」とお客さまが順番待ち。アンテナショップを出店したい自治体からの視察が殺到するなど、地域の方々に応援をしていただきながら、数字的にも結果を出すことができました（※地域に愛されるお店でしたが、私が退職した8年後、２０１５年に閉店）。

●小さなお店の得意な土俵

価格や品ぞろえ、ネームバリューで大手量販店やライバル店と勝負できないのなら、別の要素で選ばれる理由をつくる。お店のスタンスや、ご商売にかける思いの部分が、あなたのお店のウリになり、選ばれる理由になることを強くお伝えしたいのです。

私たち小さなお店には、得意とする土俵があります。小さなお店が大手と同じことをやっていても勝てません。弱者には、弱者の戦略があるのです。その1つが、商品力だけでなく、それ以外の部分で選ばれる理由をつくる方法です。お客さまにあなたの思いを伝えること。その最適なツールがＰＯＰなのです。

●お客さまが買っているのは、商品ではない

あなたのお店に、思いをつづったＰＯＰを設置する。ＰＯＰを通して、あなたの思いをお客さまに届けましょう。あなたの思いに共感してくださるお客さまは、必ずいます。そのお客さまは、たとえ他店が特売をしていても、あなたのお店にやって来てくれるでしょう。

なぜなら、お客さまは商品だけでなく、あなたのお店の思いも一緒に買ってくださっているからです。思いでつながっている、あなたのお店を応援したいと思ってくれているのです。

商品の特長を伝えるだけでなく、ＰＯＰを通じてあなたのこだわりや人柄を感じてもらう。そうすることで、お客さまに選ばれるお店になるのです。

第2章

あなたのお店は大丈夫?よくある3つの残念ポイントとは

1　あなたのお店が逃すチャンス

●チャンスロスが起きていないか

第1章では、繁盛店になるために、ＰＯＰの活用をおすすめする理由と、実際にＰＯＰを活用し結果を掴んでいる方々の話をご紹介しました。

いいですか、よく聞いてください。もしも、まだあなたがＰＯＰを実践されていないのであれば、本来であれば得られるべき成果を手にされていない、繁盛店になるチャンスをみすみす逃しているのです。「ＰＯＰをやっても売上は劇的に変わらないだろう」「もっと他に重要なことがありそう」「ＰＯＰよりも集客が商売には必要だろう」など、ＰＯＰに対するポジティブでないイメージをお持ちだと思います。そして、それらがあなたを実践から遠ざけていたと思います。

今のお店の現状に満足されていますか？「はい！」と力強く言えるのでしたら素晴らしいです。しかし、本書を手にされている以上、何かしら満足されていないのではないでしょうか。現状を変えるキッカケをお探しではないでしょうか。

ＰＯＰを実践しているお店は掴んでいるけど、実践できていないお店がまだ手にしていないチャンスがあります。この章では、あなたのお店で起こっているかもしれないチャンスロスを解明していきます。

2　アピールしない限りお客さまは逃げていく

●必要なことは伝えること

お客さまをお店に呼び込み、今よりたくさん商品を売るために必要なことは、たった１つです。それは、「伝える」ことです。

今より商品を売りたければ、今より伝える。今より集客をしたければ、今より伝える。「伝える」ことなくして、お客さまに選ばれることはありません。世の繁盛店は、もれなく上手に伝えることができています。特に、小さなお店は、伝えてなんぼだと思っています。

●誰しも一度は経験した感情

学生時代、好意を抱く異性はいませんでしたか？　意中の相手の気を引くために、目立つ発言をしたり、よいところを見せようとしたり、彼女（彼）の周囲の仲間を笑わせてみたり、色々と手を尽くしたのではないかと思います。

自分のことを知ってもらうために何かする。相手に自分の存在をアピールしたいから、何かしらアプローチする。誰しも一度は経験のある行動だと思います。黙っていても相手が好意を持ってくれればＯＫですが、ルックスによっぽど自信がある場合を除き、望みは薄いですよね（私も妻にどれだけアプローチしたことか（笑）。

●ライバル店へ流出するお客さま

「商売の話かと思いきや、学生時代の恋愛の話？」「臼井さん、お願いしますよ」という感じかもしれません。でも、ＰＯＰを書かずに商品を売ろうとするのは、私からすると、何もアピールせずに異性を射止めようとするのと同じなのです。

何度も言いますが、お店で黙って待っていても、お客さまは来てくれません。お店に商品をただ並べているだけでは、買ってもらえません。好きな子の気を引くために、自分をアピールする。クラスの他の仲間よりも目立ってアピールするのと同じように、ライバル店ではなく、自店を選んでもらうために積極的にアプローチする必要があると考えています。

アピールすることで、自店のこだわりや商品の良さが伝わる。売りたい商品が売れるようになるし、お店にお客さまがやって来てくれるようになるのだと思います。お客さまが目の前にいるのに黙っているのは、相手から言い寄ってくるのを待っている勘違い野郎がするのと同じ状況です。

何もせずに黙っていれば、お客さまはライバルのお店へ流出していくかもしれません。せっかく来店してくれているのにアピールしなければ、次から二度と来てくれなくなるかもしれません。

あなたのお店に眠る魅力を伝えずに、相手をみすみす逃す。あまりにも勿体なさすぎるのではないでしょうか。

3　売り逃しをしていないか

●お客さまが嫌そうな顔をするので

「お客さまが嫌そうな表情をしたら、どうしようと思っておすすめできないんです…」私がご縁をいただく会員さんが共通して言うセリフの1つです。

以前、ＰＯＰを通じてご縁をいただいた、ある美容室のオーナーさんも例外ではありませんでした。商品説明をしたときに、お客さまが明らかに嫌そうな顔をする。お客さまのその表情を見るたびに、「もしかすると、次回もう来店してくれないのでは…」お客さまを失う恐怖でいっぱいだったそうです。

『失客＝売上減』に直結するので、自らは勿論、途中からはスタッフさんにも「商品説明はしなくていい。商品は売らなくていいから」と物販販売をストップされていました。

●商品は売らなくていい

あなたが通う美容室や理髪店で、お店の方からシャンプーや化粧品をおすすめされたらどんな気持ちになりますか？

悩みを相談していて、提案してくださるのならまだしも、何の脈略もなく、明らかにとってつけたように商品をおすすめしてきたら、どうでしょう？　先ほどの美容室のオーナーさんの話ではありませんが、嫌そうな表情をしてしまうかもしれませんよね。あまりに何度も続くようだと、面倒くさくなって、別のお店に行くことを検討するかもしれません。

冒頭の美容室のオーナーさんが、「商品を無理に売ろうとしなくていい」とスタッフさんに指示を出した話も納得です。そして、同様の悩みを抱える社長さんの話をよく聞きます。

●多くのお店が抱えるジレンマ

失客を招くのは、お店にとって最も回避したい事態にもかかわらず、商品を売ろうとしてお客さまを失ってしまう。新規のお客さまを1人集客するために、どれだけの労力とコストをかけているのか考えてみてください。

ヘタな売込みは危険という話をしたところですが、もし、あなたがお客さまの悩みを解決できる術を持っている。もしくは、お客さまが喜んでくれる商品を持っているならば、それをお客さまに提案しないのは、あまりに勿体ない話です。

「売り込むことなく商品を売りたい」という相談をよくいただきます。これを聞いて、「本当にそんな方法があるのだろうか？」と疑われるかもしれません。しかし、ちょっとした提案の仕方次第で、お客さまは驚くほど、あなたの話に耳を傾けてくれます。そして、これまでが嘘だったかのように、商品が売れていくのです。

●ＰＯＰ１枚で、販売数が１１６倍

先ほどの美容室の話には続きがあります。以前は、無理に商品をおすすめして失客するのが怖かった。だから、セールスを止められていた。しかし、あるキッカケを通じて、状況は一変します。商品がガンガン売れるようになったのです。しかも、無理な商品説明や押し売りなど一切なしで。

そう、こちらの美容室では、ＰＯＰを導入したのです。

例えば、ある３０００円の化粧水は、前述のとおり以前は物販に注力していなかったこともあり、1年間に5～6本売れたらよいかなという状況でした。それが、ＰＯＰを導入したことで、なんと初月に58本売れました（図表４）。

驚異的な伸び率です。２か月に1本売れるか売れないか、だった商品が1か月で58本売れたのですよ（単純にこのペースで売れ続ければ、１年間に６００～７００本売れる計算です）。

そして美容室であれば、販売商品は化粧水だけではありませんよね？　シャンプーやコンディショナー、様々な商品を販売しているはずです。もしも、それら商品に同様にＰＯＰを付けたとすれば、一体どんなことが起こるのか？　想像してください。

●ＰＯＰの破壊力

勿論、先ほどの化粧水のようにすべての商品が売れるとは限りません。販売数が１００倍になるなんて、私が知るなかでも突出した結果ですから。でも、そこまで結果が伸びなくても、ＰＯＰを

〔図表４　実践後、化粧水の販売数は116倍に〕

【Before】: 「失客が怖くて売れない」
1年間の販売数5～6本
↓　↓
【After】: 「押し売りなしでどんどん売れる」
1か月間の販売数58本

〔図表５　ＰＯＰが生み出す効果〕

【Before】: 5千円×10個＝5万円
1か月の売上5万円
↓　↓
【After】: 5千円×30個＝15万円
1か月の売上15万円
→ **【Total】:** 10万円×12か月＝120万円
年間120万円アップ

付けることで売上が3倍になる、5倍になる。これくらいの数字であれば、十分実現可能です。

例えば、１か月で10個売れている単価５０００円の商品があるとします。その商品にＰＯＰを付けることで、30個売れるようになるとすると、

【以前】５０００円×10個＝５万円↓【以降】５０００円×30個＝15万円

１か月で、10万円の売上がアップするということです。さらに、ＰＯＰは1か月使ったからといって効果がなくなるモノではありません。逆に売れ出すと人気商品となり、人はもっと買いたくなるものです。

これを年間で計算してみると、

【10万円×12か月＝１２０万円】

１年間で１２０万円以上の売上がアップす

るということです。毎月は効果が出なくても、平均して2か月に1回。その効果を発揮してくれるだけで、年間で約60万円の売上がアップするのです（図表５）。

さらに今話しているのは、１つの商品だけの話です。他の商品にもＰＯＰを書いて、同様の効果が出たとすると…。捕らぬ狸の皮算用ということわざがありますが、想像してみてください。

その間あなたが行う作業はＰＯＰを書くだけです。ＰＯＰを書いて売場に設置するだけです。

「売上が3倍になるなんて稀なんじゃない？」そんなお声が聞こえてきそうですが、ＰＯＰを使えば、売上が3割増し、５割増しになるのはそんなに難しいことではありません。

●チャンスは目の前に転がっている

冒頭の美容室の話に戻ります。販売が苦手だったオーナーさんが、もしもＰＯＰの存在に気づいていなければ？　もしも実践されていなければ、きっと現在も商品のおすすめをストップされているのではないでしょうか。そうだとすれば、物販の売上は上がっていない可能性が高いですよね。

実は、多くのお店では、あることに気づくだけで掴めるであろう売上が眠ったままなのです。「無理に商品をすすめたら、押し売りと勘違いされる…」失客の怖さから、目に見えないチャンスロスを生み出しているのかもしれません。商品を購入していただくことは、次回の来店理由を生み出すことにもつながります。商品に満足していただければ、勿論また来店していただけます。

もしかすると、あなたのお店にも目に見えない売上が眠ったままかもしれません。お客さまがあなたのお店に持つかもしれない「押し売りされる」というマイナスマインドを「専門性がある」「悩みを解決してくれる」というプラスマインドに変換するために、あなたが実践することは、たった1つです。

4　無料で集客できるチャンスを逃してないか

●特別なお店になる

ＰＯＰというと、来店されたお客さまに商品を買ってもらうツールというイメージが強いです。しかし、本書でお伝えするＰＯＰの極意を使いこなせれば、口コミや紹介による新規客獲得が実現できます。

逆にいえば、ＰＯＰを活用できていない実店舗は、無料で実現できる新規客獲得のチャンスを逃していることになります。

世間でよく言われる一般的なＰＯＰと本書で学んでいただくＰＯＰは、全く別物です。あなたのお店にウリをつくり出すため、お客さまが他店ではなく、あなたのお店を選ぶ理由になるＰＯＰです。

お客さまは、「他のお店とちょっと違う」「何だかこのお店、面白い」他店とひと味違う雰囲気をあなたのお店に感じるでしょう。

●集客せずにお客が集まるお店

私が30歳の頃に働いていた、大阪にある高知県の生産者から預かった農産物や商品を販売する産直店は正社員2名、売場面積30坪の小さなお店でした。使える販促費もほぼゼロ。

今思い返すと恥ずかしい限りなのですが、集客策といえる取り組みは、ほとんど行っていませんでした。

興味深いことに、お客さまが減少することはなく、むしろ年々、少しずつ増えていっていました。

なぜ、集客をしないのに、お客さまが増え続けたのか？　実は、間接的なある取り組みが、集客の役目を果たしていたのです。

●ライバルに真似できないウリで集客を実現

「ここ、ここ、このお店が面白いのよ」「ねー、何か変わっているでしょ」お店でレジをしていると、お客さまのこんな声をよく耳にしました。お友達を連れて来店してくださっていたお客さまが売場のＰＯＰを指さし、会話をされていました。また、テレビ局や雑誌社がお店の取材に来てくださることも珍しくありませんでした。

私が働いていた産直店のウリは、生産者さんから直送してもらった新鮮な野菜や果物。これら商品を求めてお客さまは来店されていました。ただ、ウリはそれだけではありませんでした。

今だからわかるのは、商品に加え、売場のいたる所に並んだ手書きＰＯＰが、お客さまを呼び込むマグネットの役割を果たしていたことです。

段ボールに決して綺麗とは言えない字で生産者さんを紹介したＰＯＰが並ぶ売場。ライバルであるデパートや大手スーパーには決して真似できない（したくない!?）お店のウリがお客さまを引き寄せていたのです。

5　なぜ、あなたのお店は口コミやリピートが起こらないのか

●商品以外で共感を得る

「自分の思いに共感してくれる、そういう人を増やすことがＰＯＰの目的だとわかりました」こちらは、以前ＰＯＰセミナーに参加された方からいただいたご感想です。

実はこれ、私の伝えるＰＯＰの真理の１つです。

商品のメリットや特性は勿論ですが、商品をおすすめする人（あなた）が、その商品に関してどう思っているのかを伝えることが、ＰＯＰ最大の役割だと考えています。商品はある意味、お客さまの求める価値（欲求）を満たすための手段です。単なる手段であれば、より安いものを買えばよいですよね。ＰＯＰを通じて、お店の考え方やスタンスをお客さまに感じてもらうことで、商品以外の部分で共感してもらい、選んでもらう。これは、小さなお店が大手に勝つための秘策の１つでもあります。

ＰＯＰを通じて、あなたの意見を伝えれば伝えるほど、お客さまとの距離は近くなり、商品は売れやすくなってきます。あなたの考え方に共感し、あなたのおすすめする商品に興味を持ったお客さまが来店してくださるので、押し売りと誤解される心配もありません。

さらに、あなたに興味を持ち、「あなたと話をしたい」「あなたから商品を買いたい」と感じてくださるお客さまは、知人をお店に連れて来たり、紹介してくれるようになるのです。

●Ａｍａｚｏｎに打ち勝った瞬間

わが家の話で恐縮ですが、最近家族で釣りにハマっていて毎週のように海へ行っています。一番初めにオドオドしながら釣具店へ行った際、そのお店のＮチーフと出会いました。

ビギナーの私たちに仕掛けからエサ、子ども連れにおすすめの近くにトイレのある釣り場まで教えてくれてから、すっかりチーフのファンになってしまいました。以来、２００円のエサと３００円の仕掛けを買うためだけに、わざわざ遠回りしてそのお店に行って、Ｎチーフと話をするのがわが家の楽しみになっています。

こうなると不思議なもので、竿が折れたときも、Ａｍａｚｏｎでポチっとすれば翌日には届くのですが、週末まで待って、Ｎチーフのところに買いに行くというプラスのスパイラルに入っています（笑）

これはお客さまとしての話ですが、ここからは、お店側としてどうやってＰＯＰを活用し、お客さまと特別な関係性を構築できるのか？　についてお話しします。

〔図表６　産直店時代に毎月レジで配布していたお便り〕

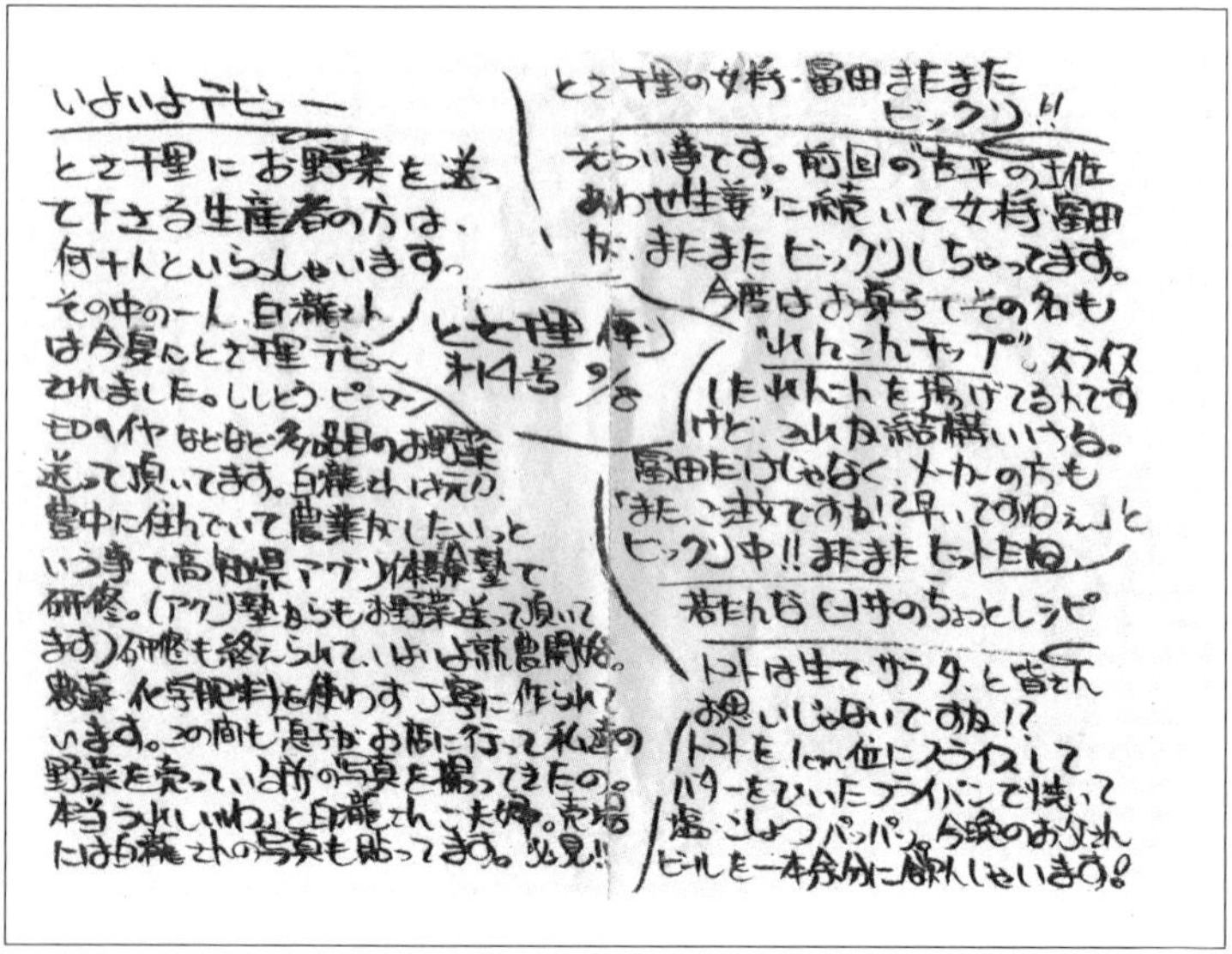

いよいよデビュー

とさ千里にお野菜を送って下さる生産者の方は、何十人といらっしゃいます。その中の一人、白瀧さんは今夏にとさ千里デビューされました。ししとう・ピーマン・モロヘイヤなどなど多品目のお野菜送って頂いてます。白瀧さんは元々豊中に住んでいて農業がしたいっという事で高知県アグリ体験塾で研修。（アグリ塾からもお野菜送って頂いてます）研修も終えられて、いよいよ就農開始。農薬・化学肥料を使わず丁寧に作られています。この前も「息子がお店に行って私達の野菜を売っている所の写真を撮ってきたの。本当うれしいわ」と白瀧さんご夫婦。売場には白瀧さんの写真も貼ってます。必見!!

とさ千里便り 第14号 9/8

とさ千里の女将・冨田またまたビックリ!!

えらい事です。前回の"吉平の土佐あわせ生姜"に続いて女将・冨田が、またまたビックリしちゃってます。今度はお菓子でその名も"れんこんチップ"。スライスしたれんこんを揚げてるんですけど、これが結構いける。冨田だけじゃなく、メーカーの方も「また、ご注文ですね!?早いですねぇ」とビックリ中!!またまたヒット商品。

若だんな臼井のちょっとレシピ

トマトは生でサラダ、と皆さんお思いじゃないですか!? トマトを1cm位にスライスしてバターをひいたフライパンで焼いて塩・こしょうパッパッ。今晩のお父さんビールを一本余分に飲んじゃいます!

●口コミが自然発生するお店

既にお話したように私が働いていた産直店は、売場面積30坪と小さなお店だったこともあり、お客さまとの距離感が近く、「お兄ちゃん、今日は何がおすすめ？」と、お客さまとコミュニケーションをとる機会が多かったです。

当時、ほうれん草と小松菜の区別もつかなかった私ですが、お客さまが声をかけてくれると、1人の人間として認めてもらえたような気がして、知っている限りの情報やおすすめを伝えていました。

すると、「お兄ちゃん、この間教えてもらった○○、美味しかったよ。ありがとう」お客さまからいただく感謝の言葉。チラシを撒くことのなかったお店ですが、口コミで来店される新規のお客さまが多く、中には、マスコミなどで取り上げられる有名店のシェフもいました。そのシェフからも、よく話しかけてもらいました。

自分の言葉を受け入れてくれる人がいる。自分のおすすめを伝えていい。お客さまとのコミュニケーションをとる中、接客だけでなく、自分の意見を紙に書いて、お客さまに伝えるようになっていきました。店内のPOPは勿論、生産者を紹介するお便りをつくり、レジで配布するようになっていきました。

●口コミやリピート生み出す秘訣

ここで伝えたかったことは、お客さまに口コミしてもらったり、リピーターになってもらうために特別なことをする必要はないということです。

まずは、自分が他のお店にお客として行ったときに感じる感情を思い出すだけでよいのです。あなたがよく行くお店で、あなたは、どんな感情を抱いているのか？　お客さまに心地よく感じてもらったり、わからないことを聞いてもらえる関係性を築く。それは、挨拶でもよいでしょうし、POPやニュースレター（お便り・図表6）でもよいと思います。

「この前見たアレだけど」と話かけてもらえるようになれば、しめたものです。自分の思いを伝えることは、ある意味、勇気が要ることです。しかし、思い切って伝えてみると、お客さまは受け止めてくれるものです。

●隠れた売上を掴む

商品の紹介をするだけでは、特別なお店になれません。なぜなら、似た商品は他店でも扱っている可能性があるからです。今の時代、大手量販店へ行けば、大抵の商品は揃います。ネット通販にいたっては、様々な商品を格安で、簡単に手に入れることができます。

選択肢が増えるなか、どうすれば、お客さまは私たちのお店を選んでくれるのでしょうか？

そのためには商品だけでなく、プラスアルファの魅力や価値を伝えることが必要不可欠だと感じています。そして、その価値の1つとなり得るのが、あなたの思いを伝えることであり、あなたの思いに共感するお客さまを集めることです。

「思いを伝える？」「共感するお客さまを集める？」何だか抽象的で、精神論に聞こえるかもしれません。何をすればよいのか、想像がつかないかもしれません。もっともだと思います。しかし、安心してください。これからその方法を順にお伝えしていきます。

共感者を集めるためには、まず発信しなければなりません。発信することで、あなたの商品への思いは勿論、ご商売へのこだわりがお客さまに届きます。そのために、ＰＯＰは最適なツールだといえます。

ここからは、あなたのお店が本来であれば、もっと手にすることができる「隠れた」売上を、ＰＯＰを使って掴む方法をお伝えします。どのように使えばよいのか？　具体的なポイントを順に公開していきます。

第3章

POPを書くために知っておきたい10のポイント

1　POPを書いても売れない理由

●なぜ、POPを書くのか？

「POPを書いているのに、商品が売れません」というご相談をよくいただきます。なぜ、POPを書いているのに結果が出ないのか？　恐らく、今から話す事実を知らないことが原因です。

あなたが今、POPを書きたい。お店にPOPを導入したいと思い、本書を読んでくださっているとするならば、POPを使って掴みたい成果は何ですか？　POPを実践する目的は何でしょうか？

「今よりもっと売上を上げたいんです」

もしも、あなたがPOPに取り組む目的が商品を売るためであるならば、商品を『売る』ためのPOPを学ばなければなりません。

「…んっ？　臼井さん、何を言ってるの？」「POPって商品を売るために使うんでしょ？　それって、当然じゃないですか？」と思われるかもしれません。そう、あなたのおっしゃる通りです。

あなたがPOPを学ぶ目的が、商品を売ることであれば、『売る』ためのPOPを学び、『売る』ためのPOPを書く必要があります。実はここに、POPを実践される方の多くがつまづく落とし穴が隠れています。

●売れない理由

例えば、あなたが１００ｍ走で1位をとりたいのであれば、早く走る練習をしますよね。一方、フルマラソンで1位をとりたければ、長距離を走り切るスタミナをつける練習をされると思います。短距離と長距離では、練習内容が違いますよね。目的に合った練習をしなければ、望む結果は得られないですよね。

ＰＯＰも同じです。ＰＯＰを書いて商品を今以上に売りたい、繁盛したいと望むなら、売上を上げるためのＰＯＰを学ばなければいけません。しかしながら、多くの方がＰＯＰを書いて商品を売りたい、売上を上げたいと思っているにもかかわらず、売るＰＯＰを書いていないのです。正確に言うと、売るためのＰＯＰの書き方を学ばれていないのです。

●まずは疑ってみる

詳しくは、後ほどお話しますが、ＰＯＰには2つのタイプがあります。あなたが達成したい目的と、学ぶＰＯＰに「ズレ」が生じていれば、望む結果は得られません。足が速くなりたければ、スピードが出る走り方を学ばなければなりません。

「やっぱり臼井さん、何を言ってるの？」と思われるかもしれませんが、ＰＯＰで繁盛したければ、そのためのＰＯＰを学ぶ必要がある。既にＰＯＰを書いているけど売上につながっていないのであれば、現在、学んでいるＰＯＰが間違っているかもしれない、ということを疑ってみてください。

2　売れるPOPと売れないPOPの決定的違い

●POPをやっても売上が上がらない！

POPを継続的に実践するコツは、ひと言で言うと、早いタイミングで結果を掴むことだと考えています。POPを実践しても売上が上がらなければ、恐らく続けることはできないと思います。日々の業務が忙しい中、次第にPOPの優先順位も低下。「POPなんてやっても意味がないよ…」「もっと他に重要なことがある…」これが多くのお店で起きている現実です。

しかし一方で、冒頭でもご紹介したように、POPを導入して、売上や集客につなげることができているお店も存在します。

では、POPで結果を掴むお店と掴めないお店の違いは、一体どこにあるのでしょうか？

●多くのお店がハマる落とし穴

実は、多くのお店は気づいていないのですが、POPには2種類のタイプが存在します。この事実を知らずにPOPを書くと、労力と時間だけが奪われてしまいます。

図表7のようにPOPには、

・売上につながるPOP

〔図表７　多くのお店がハマる落とし穴〕

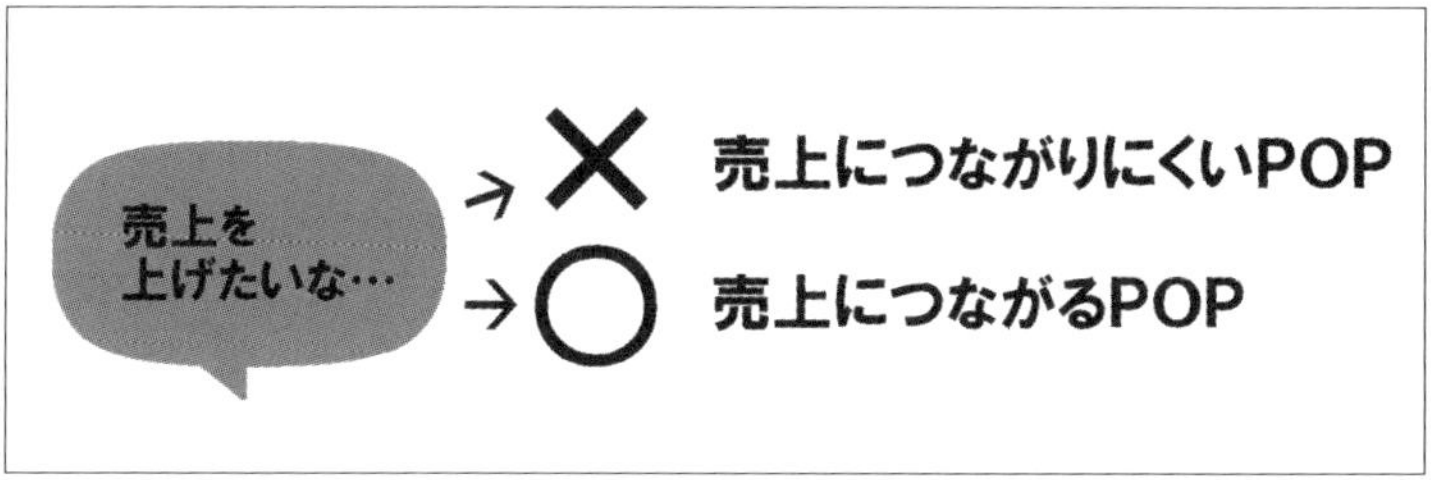

・　売上につながりにくいＰＯＰ

の2種類が存在するのです。売上につながりにくいＰＯＰを書き続けても、当然ながら業績は上がりません。ＰＯＰを書いて売上を上げたければ、売上につながるＰＯＰをあなたのお店に導入する必要があります。そのためには売上につながるＰＯＰを学ばなければなりません。

●90％以上は、売上につながりにくいＰＯＰ

世の中にあふれるＰＯＰの大半は、売上に直結しづらいＰＯＰです。あなたがこれまで書籍や講座などで学んだＰＯＰは、残念ながら学んでも商品が売れにくいＰＯＰだったかもしれません。ただ、ここで誤解のないようにお伝えしたいことがあります。

「売上につながりにくいＰＯＰを学んでも意味がない」「臼井が教える以外のＰＯＰはダメだ」ということを言いたいのではありません。ＰＯＰには2種類あり、それぞれ果たす『目的』が違うのです。

この後、その2種類のＰＯＰの違いを詳しくお伝えいたします。まずは、あなたが「お店にＰＯＰを導入することで、どんな結果を得たいのか？」目的を明確にしておくことで、今後どちらのＰＯＰを使えばいいか、ブレがなくなります。

3 「魅せるPOP」と「伝えるPOP」

まずは、54ページ図表8に紹介した2枚のPOPをご覧ください。2枚をご覧になって、あなたは一体どちらのPOPを書いてみたいと思いますか。続いて、もう1つ質問です。先ほどの2枚のPOP、商品が多く売れそうなPOPはどっちだと思いますか？

●魅せるPOP

先程、POPには2種類あるとお伝えしました。まず、1つ目が魅せるPOP。文字通り、お客さまを魅了するためのPOPです。

例えば、カフェやイタリアンレストランへ行くと、店内にメニューなどが記載された黒板を見かけませんか？　あの黒板は、一体どんな目的で設置されているのか？　メニュー名を知らせるのは勿論、お店の雰囲気がお洒落に感じるなど店内の雰囲気づくりに役立っている気がしませんか。

まさにこれは、魅せるPOPと同じ役割を果たしています。魅せるPOPの1番の狙いは、お店や商品のイメージアップです。お店の雰囲気づくりや商品を高級そうに見せたりします。また魅せるPOPの特徴として、メッセージは短め、独特の字体、イラストが描かれていること。それによって、目に留まりやすくなります。ちなみに次ページの２枚のＰＯＰの①が魅せるＰＯＰです。

●伝えるＰＯＰ

続いてもう一方のＰＯＰは、伝えるＰＯＰ。別名、売るＰＯＰです。商品を売ることを目的としたＰＯＰです。

商品を購入してもらうには、お客さまの心を動かす必要があります。心を動かし、興味を持ってもらわなければなりません。そこで、伝えるＰＯＰでは、メッセージを通して、お客さまの心を動かすことを最大の目的とします。イラストや独特のＰＯＰ字は、目を留める効果は高いものの、お客さまの心を動かす点では弱いです。その点、メッセージは、「買いたい」という欲求を引き出す訴求力を兼ね備えています。

図表８のＰＯＰの②がそれにあたります。②のＰＯＰを設置することで、ＰＯＰで紹介した塩パンの販売数は月間７００個から1，０００個以上へ約４割アップとなりました。

「売上を上げたい」と思ってＰＯＰを導入するお店は多いです。しかし、実際に現場で使われているＰＯＰは、魅せるＰＯＰになっているケースが非常に多いです。魅せるＰＯＰを書くのが悪いわけではありません。

「お店の雰囲気づくりを狙いたいのか?」「お店の業績を上げたいのか?」あなたのお店が達成したい目的によって、ＰＯＰを使い分けることが何より大切です。

〔図表８-①　２枚の塩パンＰＯＰ〕

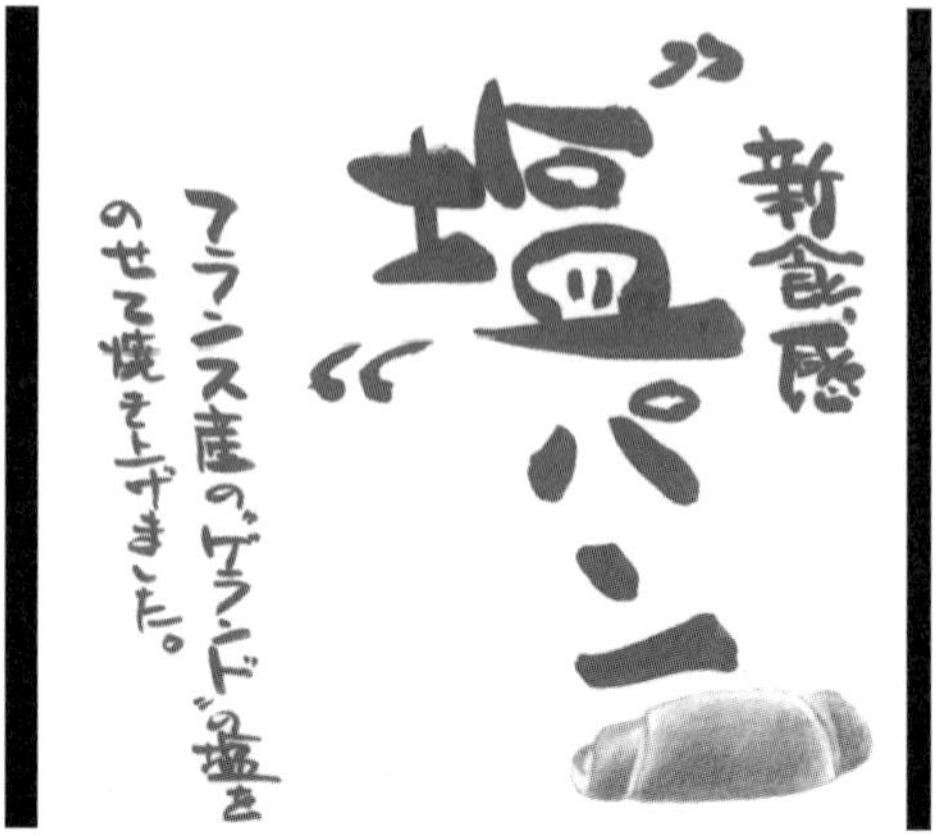

〔図表８-②〕

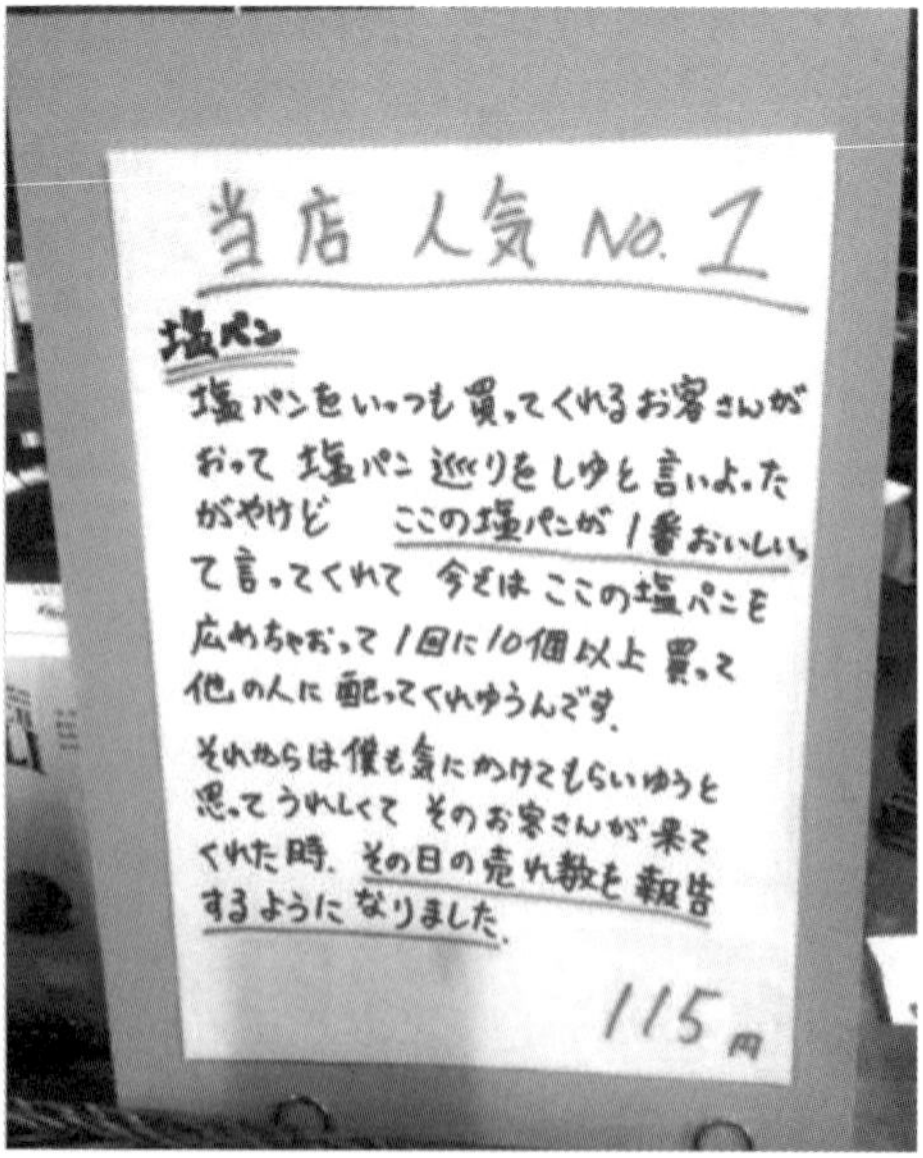

4　お客さまの心を動かすメッセージとは

セミナーを開催した際、参加者さんに必ず聞く質問があります。これを聞くことで、参加者さんがＰＯＰに対して抱いているイメージを調べることができます。せっかくですので、あなたもセミナーに参加されたつもりで考えてみてください。

次ページに紹介した3枚のＰＯＰ。この中に、設置したことにより売上が倍増したＰＯＰがあります。一体、どのＰＯＰだと思いますか？

●立ち塞がる大きな壁

この質問をしたときに、1番人気が高いのは、2番です。「写真もあって内容もメリハリがあり、これだと思いました」「商品の説明が具体的なので買いたくなりました」などの理由が挙がります。逆に、これら3枚のＰＯＰの中で、もっとも人気がないＰＯＰは1番です。その理由を聞いてみると、「文章が長すぎる」「読まない…」といった意見が出てきます。あなたはどのように感じられましたか？

ちなみに、これら3枚のＰＯＰすべてで売上が倍増しました。図表9の①は、ＰＯＰを設置した翌日から注文数が倍増しました。「ＰＯＰのメッセージが長いと読まれない」「ＰＯＰのメッセージは、短くないとダメ」多くの方がＰＯＰに対して抱く先入観でもあります。もし、あなたも同じように感じられているとしたら、要注意です。ＰＯＰで繁盛店を目指すなら、その先入観が、あなたの目の前に立ち塞がる壁となる可能性が高いです。

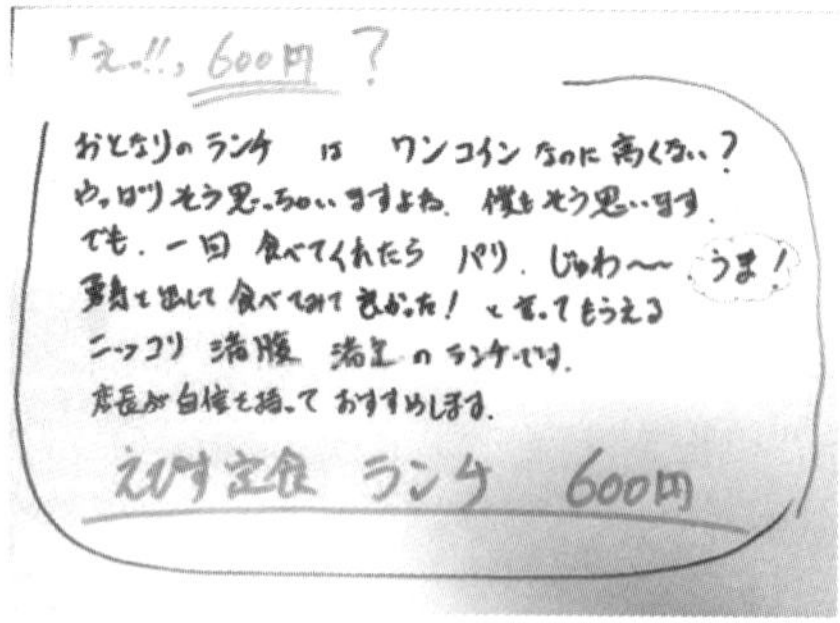

〔図表９-①　売上が倍増したのは?〕

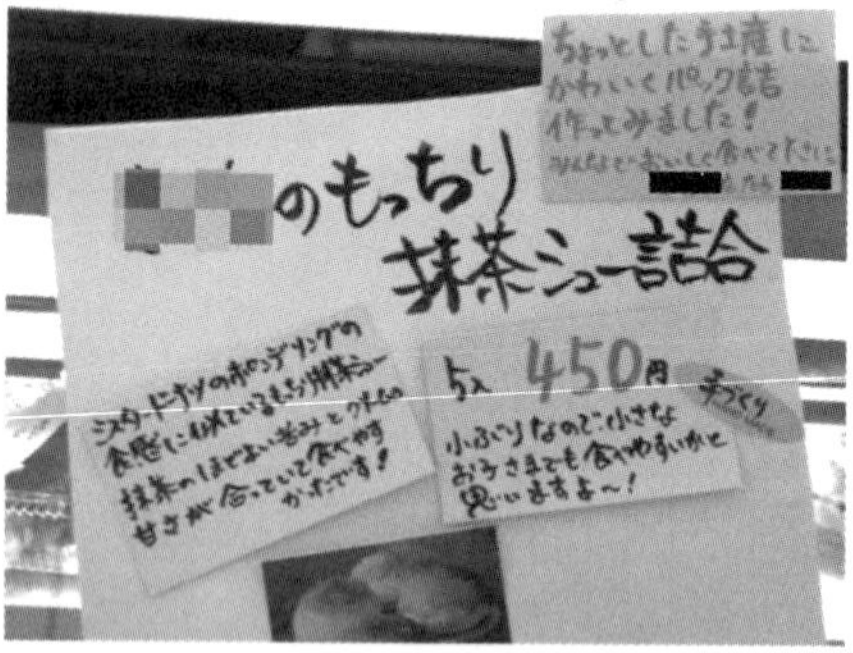

〔図表９-②　売上が倍増したのは?〕

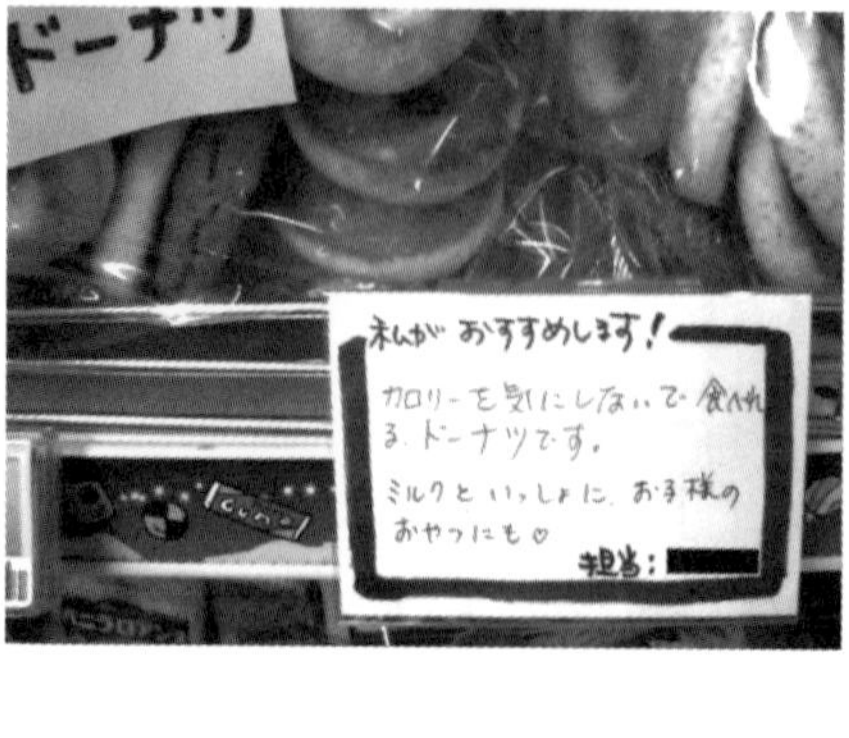

〔図表９-③　売上が倍増したのは?〕

●3秒と20秒、どっちが伝わりやすい？

ズバリ言うと、ＰＯＰに書くメッセージは長くても全然ＯＫです。逆に、メッセージを短くすることによって生じる弊害のほうが大きいです。

例えば、あなたが接客をするときに、５秒で商品を説明するのと30秒とでは、どちらが伝えやすいですか？　商品の魅力がより伝わるのは、どちらだと思いますか？

５秒で伝えようとすると、何か一発ガツンと強烈なトークをしないと売れないのでは？　という心理が働きます。ＰＯＰも同様で、キャッチーなひと言で！　と考える方が多いです。言葉を短くしようとするがあまり、ありきたりな説明になってしまいがち。しかし、言葉1つでお客さまを振り向かせるのは、コピーライターのプロでもない限り、かなりハードルが高いです。

●購入＝心を動かすこと

「臼井さん、確かにメッセージが長いほうが説明はしやすいですが、そもそも読んでもらえないのでは？」そうかもしれません。短いメッセージのほうが読まれやすいかもしれません。しかし、目に留めてもらえても、実際に購入につながらなければ意味がありません。

まだイメージが湧きづらいかもしれませんが、安心してください。まず現時点では、ＰＯＰで結果を掴むには、お客さまの心を動かす必要がある。メッセージを短くしようとすればするほど、ありきたりな内容になり、お客さまの心は動きにくくなることを覚えておいてください。

5　商品を売るために必要なこと

少しご説明すると、キャッチコピーとは、ＰＯＰのタイトルのようなものです。56ページのＰＯＰでいえば、「えっ！　６００円？「私がおすすめします！」がそれに当たります。お客さまは、まずキャッチコピーを目にします。キャッチコピーを見て、ＰＯＰを読むかどうか判断するのです。

ですので、いかにお客さまの興味を誘うキャッチコピーを書けるかが、ＰＯＰで結果を掴むポイントの１つになります。

●目より心に留めろ

しかし、ここであえて言わせてください。「インパクトのある言葉は何だろう？」「売れるキャッチコピーは…？」など、そこに固執すると成果は遠ざかります。キャッチコピーに執着し過ぎないでください。

なぜなら前回のテーマでお伝えしたように、商品を売るために必要なことは、お客さまの心を動かすことです。お客さまの目に留めてもらうことも大切ですが、商品を買ってもらいたければ、やるべきことは、お客さまの心に響くメッセージを伝えることです。

仮に、今後あなたがＰＯＰを書いて、商品が売れなかったとします。その原因は、恐らくＰＯＰがお客さまの目に留まっていないから、ではありません。お客さまは、かなりの確率であなたのＰＯＰに気づいているはずです。

あなたがＰＯＰを書いているのに、結果につながらない最大の要因は、お客さまの目には留まっているけれど、お客さまの心に留まっていない。心に引っかかっていない状態だからなのです。

●テクニックに騙されない

服装や髪形など見た目がバッチリで、性格が最悪の女性（あなたが女性なら男性）。一方、外見は一般的だけど、話すとめちゃくちゃ優しい女性。あなただったら、どちらの方と長くお付き合いしたいですか？

男女関係とＰＯＰを一緒にすると怒られるかもしれません。ただ、本質は同じだと考えています。お客さまの目を留める工夫は確かに必要です。ただ、商品を買ってもらえるか？　購入につながるか？　を決めるのは、中身。メッセージの部分です。お客さまの心を動かすメッセージを届けられるかどうか？　メッセージを通して、何を伝えるかです。

こうしてご縁をいただいたあなたには、継続的な業績アップを実現していただきたいと思っています。そのためにも、表面的なテクニックだけではなく、本質の部分をお伝えしていきます。

どのようなメッセージを書けば、お客さまの心を動かせるのか？　これから順に一緒に学んでいきますので、安心してください。

6　再来店を誘う商品選択のコツ

●POPを書く上で押さえておきたいポイント

ここからは、実際にPOPを書く上で、押さえておきたいポイントをお伝えします。まずPOPを書く前に、あなたにしていただきたいこと。それは、商品選択です。

実は、商品の選び方が、あなたが今後受け取れるPOPの成果に大きく影響を及ぼします。本来なら100個売れるはずのPOPが、15個しか売れない…。せっかくあなたがPOPを書いても、お客さまは見向きもしない。そんな悲惨な結果を招きかねません。

なかでも特にポイントになるのは、『最初に売る商品』です。あなたのお店にPOPがまだ並んでいない、あなたのお店でこれから本格的にPOPを導入しようとされている場合は、今回お伝えするポイントが重要になります。既にPOPを設置されているお店でも今から話す商品選択の方法を実践すれば、結果が一変するはずです。

●あなたのおすすめが押し売りになる理由

いきなりですが、これからPOPを書く商品は、あなたが家族や友人、恋人など大切な人に「自信を持っておすすめできる」商品であるべきです。なぜなら、あなたの気持ちはお客さまに伝わるからです。

あなたが心底気に入っている商品であれば、おのずと接客トークにも説得力が増すはずです。嘘偽りでない、あなたの本音で伝えることができるので、信憑性も湧きます。

逆に、売上を上げたいために何の思い入れもない商品をすすめようとすると、トークも無難でありきたり。当然ながら、お客さまに響きません。あなたの気持ちは、お客さまにストレートに伝わります。気持ちの入っていないメッセージは、スルーされるか？　押し売りととられてしまいかねません。

●信用が命

あなたがお客として商品を買うときは、信頼できる販売員さんがいるお店で購入されるのではないでしょうか。「この人のおすすめなら…」信頼できる店員さんの話なら耳を傾けますが、そうでない方の話はスルーしてしまいませんか？

ＰＯＰも同様に、お客さまの信用が命です。信用がなければ、あなたがどれだけ素晴らしいメッセージを書いても、お客さまに読んでもらえません。そして、信用を得るために必要なことは、実際にＰＯＰでおすすめした商品を買ってもらい、「買ってよかった」と思ってもらうことです。

満足してくださったお客さまは、再来店してくれます。「今日は何の商品を買おうかな」あなたのＰＯＰを楽しみに来店してくれるはずです。まずは、あなたが自信を持っておすすめできる商品を選ぶことを忘れないでください。

7　ＰＯＰフォーマット【レイアウト編①】～まずは設計図を描け

今回話すルールを知っていると、ＰＯＰを書くのが苦痛でなくなります。ＰＯＰを量産できますし、１枚のＰＯＰ書く時間も短縮します。さらに、ここで話すあるポイントを意識してＰＯＰを書けば、これまでのＰＯＰが売れるＰＯＰに一変します。

すごく当たり前な話のように聞こえるかもしれませんが、実践できているお店は意外と少ないポイントです。

●イメージしてください

あなたがこれから家を建てるとします。奥（旦那）さまと相談しながら、「どんな家にするか？」ワクワクな状態です。待望のマイホーム、嬉しいですよね。早く住みたいですよね。さて、ここで問題です。

新築の家を建てるとき、一番に行う作業は、一体何だと思いますか？　まず、これだけはやっておかないと家は建てられない、という作業とは何でしょう？

答えは、設計図を書くことです。「どんな家にするか？」「どこをキッチンにするか？」「リビングの大きさは？」「階段は？」真っ先に、何を？　どこに？　どれくらいの大きさで？　配置を決めるはずです。設計図がなければ、大工さんも家を建てられません。設計図があることで、寸分違わず、イメージ通りの家が完成するのだと思います。

実はこれ、ＰＯＰにそのまま当てはまります。ＰＯＰを書く前に、『どこに』『何を』『どれくらいの大きさで書くか』を決めてしまうことが重要です。先にＰＯＰの設計図を書いておくことで、後の作業が楽になるのです。

●設計図を描く

ちなみにＰＯＰでいう設計図とは、レイアウトのことです。ＰＯＰを書く際に、紙面上にいくつかの情報を配置すると思います。

例えば、商品名や価格、メッセージ、キャッチコピー、容量など、商品によって様々な書く内容があるはずです。まずは、それらをピックアップ。続いて、それら項目をどこに配置するのか？　そのスペースはどれくらいにするのか？　を決めます。これらがＰＯＰの設計図（レイアウト）になってきます。

次ページに紹介したのは、ＰＯＰレイアウトの見本になります（図表10）。ご覧いただくとわかるように、商品名や価格などの項目を配置しています。まずは、あなたもＰＯＰに書きたい項目をリストアップし、見本例を参考に配置してみましょう。この状態では、具体的なメッセージの内容

〔図表10　サンプルレイアウト〕

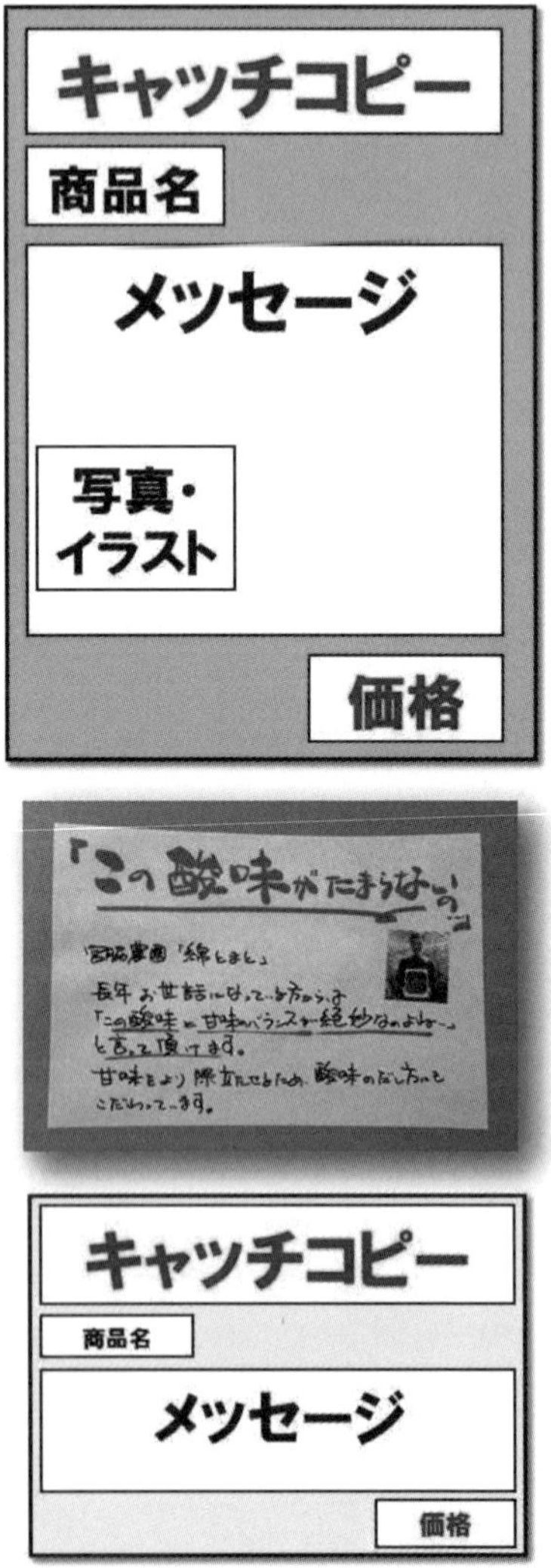

などは考える必要はありません。とりあえず各項目を紙面上のどこに配置するか？　を決めてみてください。その際に気を付けて欲しいことが２つあります。次のポイントで詳しくお話します。

８　ＰＯＰフォーマット【レイアウト編②】～間違いだらけの知識

●ＰＯＰのレイアウトのポイントは２つ

ＰＯＰのレイアウトを決めるにあたり、注意していただきたいポイントが２つあります。「えっ、知らなかった」「確かに言われれば、そうだよな」セミナーで話すと、驚きの声が続出する、いわば、多くの方が間違って認識しているポイントでもあります。

同時に商品が売れる、売れないに大きく影響する重要なポイントです。

①キャッチコピーは大きく

お客さまがＰＯＰを発見した後、一番に見るのは、キャッチコピーです。ちなみに、キャッチコピーとはＰＯＰの中に大きく書いたタイトルのようなものです。

まず、お客さまはキャッチコピーを見て、その後、ＰＯＰを読むか読まないのかを判断しています。「あっ、これ面白そう…」「自分に向いているかも…」キャッチコピーを見て興味を持った人は、ＰＯＰに書かれているメッセージも読んでくれるという流れです。

ですので、まずお客さまが目を通すキャッチコピーを大きく目立たせることが、ＰＯＰを読んでもらうためのステップ１になります。

②商品名を大きく書くのはタブー

「ＢＥＬＬＩＮＩ　７２０ｍｌ」

今、これを読んで、どんな風に思いましたか？　何か興味が湧きますか？　実はこれ、今、私の目の前にあったお酒のビンに書いていた文字を書き写しました。フルーツカクテルのお酒の名前です。

極論になりますが、お客さまは商品名を読んだだけでは心を動かしません。「ＢＥＬＬＩＮＩ ７２０ｍｌ」を見ても何も感じなかった今のあなた今の心境と同じです。

ＰＯＰにどれだけスペースをとって商品名を大きく書いても意味がありません。限られたスペースで、いかにお客さまの心を動かせるかが、ＰＯＰの肝です。

商品名を大きく書くよりも、あなたが伝えたいメッセージなどにスペースを割くほうが効果的ですし、購買率は上がります（※テレビＣＭなどで宣伝されるナショナルブランド商品は例外です。商品名だけで「あの商品だ」とお客さまは反応しますので、大きく書くことで有効な場合もあります）。

以上、キャッチコピーは大きく、商品名は小さく。これらがＰＯＰレイアウトを決めるうえで最低限抑えておきたい代表的なポイントです。

9　ＰＯＰフォーマット【サイズ編】～説明するより視覚に訴えかけろ

●おすすめの度合いに合わせた工夫が必要

新商品や今のシーズンに重点的に販売したい商品。あるいは常に売場に並んでいる定番商品。どれも売りたい商品ですが、販売する商品によって、あなたのおすすめ度合いは違うと思います。そのため、売場における力の入れ具合も変わってくると思います。

その際、「重点的に販売したい商品は、目立つ売場に」「陳列スペースを広げる」など、さまざまな対策を立てられていると思います。目立つ売場に商品を並べることで、お客さまの目に留まりやすくなり、売場スペースを大きくすることで、「この商品は今おすすめなのかな？」お客さまへのアピール度も違い、販売量も変わってくるはずです。

実はＰＯＰでも、おすすめ度合いに合わせた工夫を行うことで、あなたの思いのままに商品を売ることが可能になります。売りたい商品をどんどん売ることができるのです。

●売りたい商品を自在に売る方法

あなたのお店でも重点的に売りたい商品があれば、目立つ売場で販売したり、陳列スペースを広げることで、お店の「意志」を伝えられていると思います。お店の意志を伝える、実はここに販売力アップの大きな秘密が隠れています。ＰＯＰも同様に、お店の意志を伝えることで、商品はどんどん売れやすくなるのです。

それでは、お店の意志の伝え方をお伝えします。

●おすすめ商品は視覚化を

例えば、あなたのお店に、①定番商品、②今月のおすすめ商品の2種類の商品構成があったとします。そのとき、2つのＰＯＰサイズに違いを出すのです。定番商品は、名刺サイズ。おすすめ商品はＡ4サイズといった形で、おすすめ度合いに応じて、ＰＯＰのサイズに変化をつけるのです。

売場に小さなＰＯＰと大きなＰＯＰがあれば、お客さまは、どんな印象を受けるのか？

大きな売場は、お客さまの目に留まりやすく、興味を持ってもらいやすくなるのと同様に、他より大きなサイズのＰＯＰは、目立ちやすく、自然と目に入りやすいため、お客さまも気になります。「どんな商品なのだろう？」と、興味も引きやすくなるのです。

「うちの今のおすすめはコレですよ」と、お客さまに声をかけるのも販売方法の１つです。ただ、現実的には声をかけられたくないお客さまもいらっしゃいます。そこで、ＰＯＰサイズに強弱をつけることで、わざわざ声をかけなくても「今、お店のおすすめは何か？」お客さまに伝えることができるのです。

「これ、おすすめですよ」お客さまが自ら気づくことで、売り込み感は軽減します。結果、何倍もの効果を生み出します。

10　ＰＯＰフォーマット【ツール編】～手書きのメリット・デメリット

●長所と短所を把握する

あなたは手書き派ですか？　それともパソコン派ですか？

ＰＯＰにも手書きとパソコンで作成するものと2種類があります。本書は、手書きＰＯＰに特化した内容ですが、なぜ手書きがよいのか？　手書きでＰＯＰを書くことによって、どんなメリットがあるのか？　逆にパソコンを使ってＰＯＰをつくると、どんなメリットがあるのか？　それぞれのメリットデメリットを共有しておきたいと思います。

どんな場合でも、何事も物事には、長所と短所が存在します。それぞれを把握しておくことで、行動スピードも上がりますし、選択肢も広がるはずです。

●パソコンＰＯＰのメリット・デメリット

まず、パソコンでＰＯＰをつくる場合のメリットデメリットです。パソコンでＰＯＰつくるというと、画一的や味気ないなど、マイナスイメージがあるかもしれませんが、決してそうではありません。パソコンＰＯＰにも強みは存在します。

スーパーマーケットなどの量販店では手書きＰＯＰは、まだまだ浸透していません。なぜでしょう？　様々な理由がありますが、ＰＯＰを量産したい。本部でデータを一括管理したいなどの理由があるのではないかと思います。

例えば、店舗を複数展開している場合、本部でＰＯＰをつくり各店へデータを送る。各店舗は印刷するだけでＰＯＰが出来上がります。現場の手間が削減できます。

また、パソコンを使えば、字体も文字の大きさも揃えることができ、見た目的には読みやすくなってきます。逆に言うと、すべてがほぼ同じように見えるため、アイキャッチ（目を留める力）が弱まるのがデメリットでもあります。

●手書きPOPのメリット・デメリット

一方、手書きPOPのメリットは何か？　一番の強みは、個性が生まれることです。

想像してください。もしも、あなたにお子様がいらっしゃるとして、お子様がチラシの裏面に、「いつも、ありがとう」一生懸命書いたとします。そして、それをあなたにプレゼントしてくれました。

どんな気持ちになりますか？

たとえ、つたない字だとしても、読みづらかったとしても、「あぁ、頑張って書いたんだ」「よく書いたね」そのチラシに書かれた字に特別な感情を感じるのではないでしょうか。あなたのお子さんが頑張って書いた字から内容以上の何かを受け取るのではないでしょうか。

実は、POPも同じです。

あなたが手書きでPOPを書く。そのPOPは、あなたにしか書けない、世界中であなたのお店にしか存在しないPOPになります。手書きで書くことにより、「店員さんがわざわざ書いてくれたんだ」「ここまで書くということは、よっぽどおすすめなんだろう」と、あなたの商品に対する思いや熱量が、手書きの文字を通じて届くのです。

後ほど詳しくお伝えしますが、手書き最大のメリットは、書き手であるあなたの存在感が伝わることです。「誰が書いたのか？」書き手の存在感が伝わるPOPこそ、今求められているものなのです。お客さまは、どこにでもあるPOPを求めていません。「わざわざ書いてくれたんだ」という気持ちが、お客さまのハートに火を点けるのです。

第4章

突き刺さささる『POPネタ』がひらめく10のポイント

1　ストレートに攻める〜ズバリ〝ひと言〟で表現すると

●アンティークショップ店の話

あるアンティークショップ店へサポートに伺っていたときのこと。オーナーさんが海外で買い付けてきた商品をお店中に陳列されていました。オーナーさんに話をうかがっていると、ある興味深い話を聞くことができました。

例えば、アンティークスプーンは、それを実際に使う方もいれば、インテリアとして部屋に飾るお客さまもいらっしゃいます。自分なりの使い方を考えるのが、アンティーク品の1つの楽しみでもあるらしく、お客さまによって買う目的や使い方は様々だということがわかりました。

この話を聞いていて、ある1つのヒントが思い浮かびました。

●刺さるメッセージの秘密

ＰＯＰには、「これを書けば絶対に売れる」とか「こう書かないとダメ」というような正解がありません。そこがＰＯＰの面白いところであり、難しいところかもしれません。

先ほどのアンティーク品の場合、人によって使い方は違います。お客さまが魅力を感じるポイントも違います。そうなると、ＰＯＰで何を伝えればよいのか悩みますよね。そんなときは、オーナー

〔図表11　商品はどんな存在か?〕

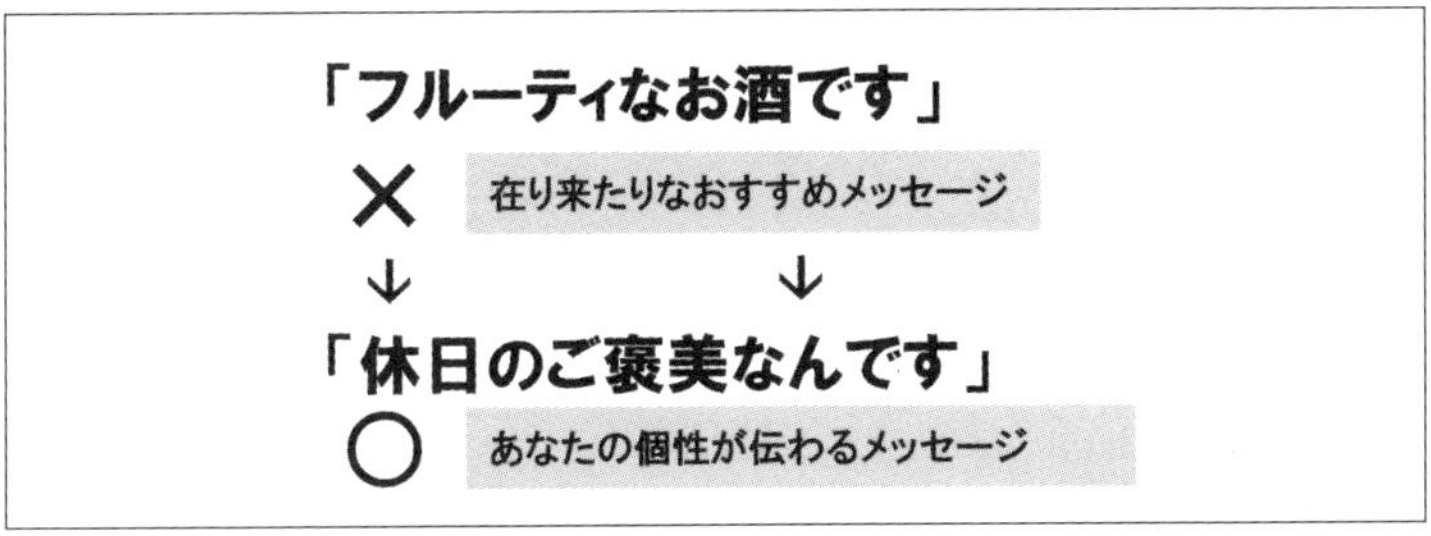
「フルーティなお酒です」
在り来たりなおすすめメッセージ
「休日のご褒美なんです」
あなたの個性が伝わるメッセージ

さんなりの商品に対する『意味づけ』を伝えてあげるとよいです。意味づけというと少し難しく聞こえるかもしれませんが、要は、「この商品は、自分にとって●●な存在です」という、自分なりの商品に対する思い入れを伝えてあげるというイメージです。

例えば、普段、私はお酒をほとんど飲まないのですが、あるお酒だけは特別で休日の夕食前にそれを飲むのが楽しみの1つです。自分にとってそのお酒は、「休日だけのご褒美」なのです。

意味づけすることで、仮にお客さまの持つイメージや使い方と異なったとしても、それは、あなた（お店）の個性となりますし、共感してくれるお客さまに深く突き刺さります

●勇気を持って伝えてみる

あなたが売りたい商品をズバリひと言でいうと、ここがPOPネタを生み出すヒントです。お気に入りの化粧水があって、それはあなたにとって「私には絶対に欠かせない1本」という商品かもしれません。そうであれば、なぜ自分にとって欠かせない1本なのか？理由をメッセージにして伝えるのです。

勇気を持って、商品に対するあなたの思い入れを伝えてあげてください。あなたなりの意味づけを教えてあげることで、共感するお客さまが現れるはずです。

2 死角から攻める～お客さまが〝知らない〟ことは

POPはお客さまとの接点をつくるツールです。いきなり話かけたら、「ゲッ！」と思われるところを、POPを介してコミュニケーションのきっかけをつくる。

そんなイメージを持って、POPを使うと結果が出やすいです。

●知れば知るほど欲しくなるのが人間心理

あなたがどんなご商売をされているのか？　どんなお店で働かれているのか？　どんな商品を販売されているのか？　私にはわかりませんが、ただ1つ言えることがあります。

それは、あなたがプロフェッショナルだということです。扱う商品に関して、お客さまよりも詳しく知っていますし、知識も豊富なはずです。もしかすると、お客さまが知らない商品の裏側もたくさんご存知かもしれません。そのお客さまが知らない商品の●●を伝えてあげて欲しいのです。

買おうか迷っていた商品をウェブサイトで調べていたら、どんどん欲しくなり気が付いたらポチっとしていた。あなたも心当たりがあるのではないでしょうか？

新しい情報や知識が増えることで、商品への興味が増し、つい買ってしまうことは、よくあります。お客さまの知らない情報を伝えてあげることは、商品に興味を持ってもらうために非常に有効な手段です。

●初心者を狙え

ただこんな言い方をすると、「いやいや私なんて…」「商品のこと、そんなに知らないですから…」と思われるかもしれません。安心してください。あなたなりの意見を伝えるだけで大丈夫なのです。「もしかすると、これお客さまは知らないんじゃないかな？」「以前、誰かに話したら結構驚いてくれたよな」くらいの情報。あるいは、あなたが知って、「へぇー」と思った情報を伝えるだけでＯＫです。

お客さまの中には、商品情報を詳しく知っている方もいれば、情報を持っていない初心者の方もいます。あなたが対象にするのは、初心者の方です。ＰＯＰを使って、商品に興味を持ってくださるお客さまのすそ野を広げる。ゆくゆくファンになってくださる可能性のある方を、ＰＯＰを使って集めるイメージです。

「もしかすると、これ、お客さまは知らないのでは？」以前お客さまに話したら喜ばれたこと、驚かれたこと。ぜひ、お客さまに教えてあげてください。あなたの話を聞いたお客さまは、きっと感謝しながら商品を購入してくださるはずです。

3　接客から攻める〜売れたときに話していたことは

●私が商品を買うとき

先日、自宅をリフォームしたのでエアコンを新しく買い替えようと、電化製品店に行ったときのこと。私は商品を買うときは、まず自分で商品を見て、候補を2〜3個絞ってから店員さんに商品情報をうかがう。そして買う。これがいつものパターンです。しかし、そのお店では、そうさせてくれませんでした。

売場に入ってきたわが家を見かけると、店員さんのお1人が近寄ってきて、「何かお探しでしょうか？」（定番の？）トークで近寄られてきました。先ほどの話の通り、自分のペースでまずは商品を見たかったので、「んー、まぁ…」愛想のない返事をするしかありませんでした。

●お客さまをメロメロにする必殺トーク

ＰＯＰは無言のセールスマンとよく言います。あなたの代わりにお客さまに話かけてくれる。接客をしてくれる貴重な存在です。お客さまに余計なストレスをかけることなく、商品に興味を持たせることが得意です。実は、ここに売れるＰＯＰメッセージを考えるヒントが隠れています。

ＰＯＰは、あなたの代わりに接客をしてくれる頼りになる存在です。であるとするならば、メッセージには、あなたが普段、接客をするときに話している内容を書けばいいのです。

例えば、あなたが接客をする立場であれば、「こんなことを言ったときに、お客さまは興味を持って話を聞いてくれる」「この話をすれば、大抵のお客さまは食い付いてくれる」といった必殺トークのようなものがあると思うのです。そのときのトークを思い出して欲しいのです。

●特別なメッセージはいらない

あるセミナーで、「イベントに行ったときにこの話をすれば、大抵のお客さまは立ち止ってくれます」と言って即座にＰＯＰに書かれた女性がいました。

そうなのです。イベントもそうですし、例えば、お友達やご家族にその商品のことをポロっと話したら、妙に興味を持ってくれた。「えっ、それって、どんな商品？」興味を持ってくれた経験があれば、そのときの話を思い出す。ＰＯＰのメッセージに書けばＯＫです。

多くの方が、ＰＯＰというと「何か特別なことを書かなきゃいけない…」「難しい…」と思っています。しかし、先ほどもお伝えしたように、ＰＯＰはあなたの代役です。あなたが普段話す内容を伝えればいいのです。メッセージを、そのまま紙に落とし込めばいいのです。ＰＯＰだからと言って、難しく考える必要はありません。

日々、現場で頑張られていると思います。商品が売れたとき、お客さまとどんな話をしていたか？思い出してみてください。売れるＰＯＰのヒントが必ず隠れているはずです。

4　泣き落として攻める～もっとも苦労したことは何

●商品を知るほど興味が湧くもの

「商品のことを知れば知るほど、欲しくなる。興味が湧く」これは、お客さま心理の1つだと、先ほど話しました。

私の例でいうと、早朝にウォーキングをするのが日課になっている時期がありました。ウォーキングをしていると、ある男性が話かけて来たのです。（後でわかったのですが）地域のリーダー的存在の方で、地元の河川敷の景観をよくしたい。みんなが集まる場所にしたいということで、桜の木を植える活動をされていました。なので、桜に詳しい。「陽光という桜は、他の桜より咲くのが早くて病気にも強く…」朝の5時過ぎから立ち話で、15分くらい桜の話や活動の苦労話などを話してくださいました。

すると、面白いものです。私に変化が起きました。どうなったと思います？

家族とその河川敷を通るたび、桜の品種について語る自分がいるのです。男性から話を聞いて以来、その公園に妙な思い入れが湧くようになりました。

妻と娘はそれを見ながら、「お父さん、どうしたの？」という感じで、こちらを見ていましたが。

●裏側を見せる

あなたが何か商品を販売したいとき、特性やメリットを伝えるのもＯＫです。しかし、どこのお店でも同じように、商品の特長やメリットを伝えています。ある意味、パターン化してしまい、お客さまにすると面白くない。興味が湧きにくいのではといつも思うのです。そこで、あなたに実践していただきたいのが、今回のテクニックです。

あなたが売りたい商品の『裏側』をお客さまに伝えてあげて欲しいのです。

例えば、先ほどの男性の話で言えば、桜の種類を教えてもらっても、私の心は動かなかったと思います。みんなが楽しく集まれる場所をつくりたくて、河川敷に桜を植える活動を始めたけど、初めからうまくいかなかった。『苦労話』を聞かせていただいたからこそ、特別な思い入れを持つようになったのだと思います。

●ファンを生み出すヒント

あなたが売りたい商品にも、何か苦労話や表に出ていない隠れたエピソードが、きっとあるはずです。それをお客さまに伝えていただきたいのです。

メーカーからの仕入商品であれば、営業マンや納品担当の方に聞いてみる。つくり手にアプローチできる場合は、「この商品をつくるにあたって大変なことはありませんでしたか？」と、直に本人に聞いてみる。商品だけでなく、会社の苦労話も面白いです。商品ではなく、会社に興味を持ってもらえれば、ファンになってもらいやすいです。インターネットで調べてもいいですし、直に関係者に聞いてみる。ファンを生み出すヒントを発見してみましょう。

5　声から攻める〜購入者は何と言っていた

●お客さまの声をPOPに活用する方法

今回お伝えする手法は、定番中の定番です。テレビの通販番組やインターネットの通販サイトを見ていると、必ず最後に出てくるあるシーン。「●●をお使いの田中さまにお声をいただきました」というアレです。お客さまの声をPOPに活用する方法です（図表12）。

ちなみに、なぜ各社がこれほどまでに販売の際に、お客さまの声や感想を紹介するのか？　これも人間心理に添った狙いが根底にあります。

●なぜ話を聞いてもらえないのか？

例えば、あなたが商品を買おうとするときに、「この商品は優れていますよ」と販売者が言うのと、お客さまが言う場合、どちらが信頼できるでしょうか？「この商品はよい」販売者がいくら力説しても、「商品を買ってもらいたいからでしょう？」つい思ってしまいます。

一方、商品を褒めても何のメリットもない立場の人間が「この商品はよい」と言っていると、つ

〔図表12　お客様に聞いてみる〕

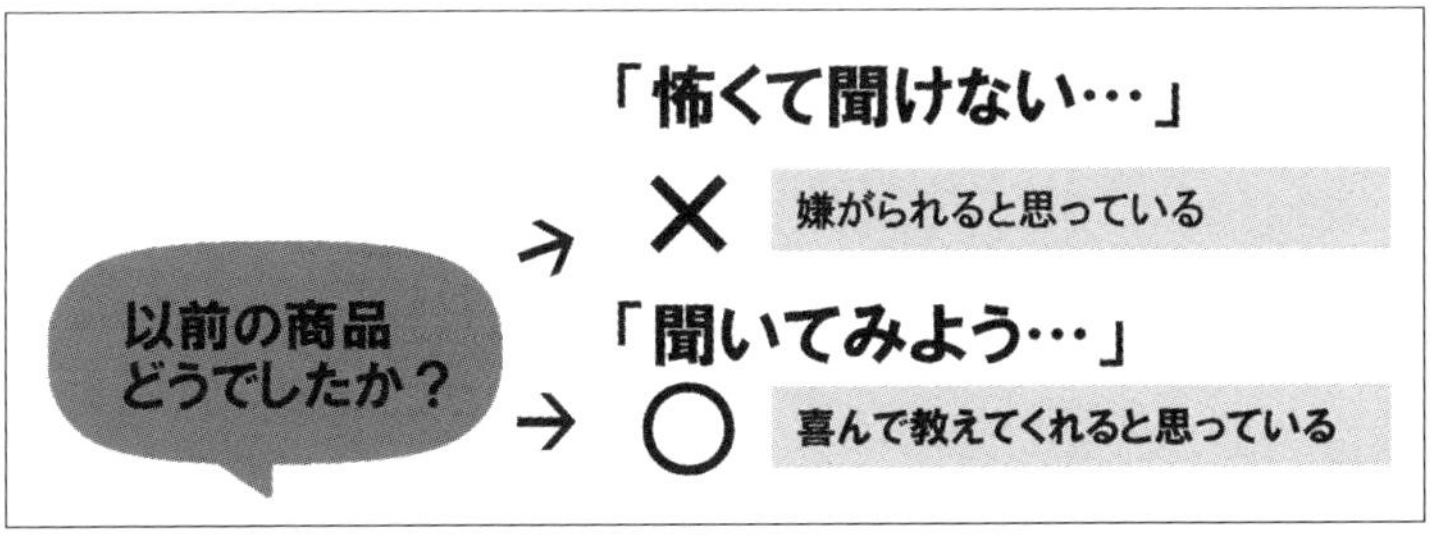

い信用してしまいますよね。

ひと言で言えば、お客さまの声ほど信頼度が高いものはない。販売者であるあなたが商品の素晴らしさを熱く語っても、お客さまは話半分くらいにしか聞いていないということです。

●関係性づくりに役立つ接客トーク

「先日、買っていただいた●●、いかがでしたか？」何度もリピートして来店されるお客さまに、過去に商品を購入してくださった感想を聞くことはできませんか？　「お客さまに感想を聞く？　何だか嫌がられそう…」抵抗を感じるかもしれませんが、実はこうしたお客さまへの働きかけは、販売のヒントを発見できるだけでなく、お客さまとの関係性づくりにも役立ちます。

私も産直店時代にレジをしながら、以前に購入いただいた商品の話題によく触れていました。「以前、買っていただいた●●は、どうでしたか？」すると、大半のお客さまは喜んで、その感想を教えてくださいました。

おそらくその理由は、自分を憶えてくれていた。気にかけてくれている。そんな特別感をお客さまは感じたからだと思います。

ぜひ、購入者であるお客さまに商品の感想を聞いてみてください。こちらが思っている以上に、お客さまは喜んで声を聞かせてくれます。そしていただいた声を「●●と喜んでくださっているお客さまもいらっしゃいます」ＰＯＰで紹介をする。ご感想をくださったお客さまも、ＰＯＰを読むお客さまも喜んでくださると思います。

6　ビフォーから攻める～どんな悩みがあった

●記憶に残っている先生との共通点

小学校、中学、高校…、何人もの先生と出逢って来たと思います。授業を受けるのが苦痛だった先生もいれば、ワクワクさせてくれた先生もいると思います。そんな中、今でもあなたの心に残る先生はどんな方ですか？　授業を受けるのがしんどくなかった。どちらかというと、楽しい授業をしてくれた先生には、どんな特徴がありましたか？

私は、勉強が得意でなかったので、中学、高校くらいの授業の記憶があまり残っていないのですが、何人か記憶に残っている先生がいます。その先生の共通点は、常に自分たち生徒と同じ目線で関わってくれていた気がします。「授業って、楽しくないよね。そりゃ家でゲームしているほうが楽しいよな」と、子供たちの気持ちを理解してくれていた先生だった気がします。

●なぜ、あの人の話は興味を引くのか？

私たち人間は、１人より仲間といることで安心したり、同じ価値観を持つグループに属することで心地よさを感じる人が多いのではないでしょうか。また誰かから相談を受けたとき、その内容が以前、自分が悩んでいたことだった場合、「あー、みんな同じことで悩んでいるんだ」と、ホッとした経験はありませんか？

逆に、立場や環境が違う人からアドバイスをもらうよりも、似た境遇の人間からもらった言葉のほうが、妙に納得しやすかった経験はありませんか？

私たちは、自分と近い立場の存在に親しみを感じますし、その人の話に耳を傾けます。自分と同じ悩みを持っていた人の成功秘話は、「自分もできるんじゃないか？」と、つい興味を引かれがちです。「この人なら私のことをわかってくれる」「この人ができたのなら、自分もできるかもしれない」。自分に置き換えて、物事を考えることができるからだと思います。

実は、この私たちが持つ人間心理を販売に活かすことで、飛躍的な成果を掴むことができるのです。

●共通点を探せ

前述のように、商品を買おうか迷っている方々にとって、既に購入された方の声は強い説得力を持ちます。自分と同じ境遇のお客さまの意見であればあるほど、その信頼度は増加します。

購入された方は、悩みや期待など、その商品に対してどんな欲求や期待を持っていたのか？「以前購入された方は、こんなことを悩まれていましたよ」。ＰＯＰを通じて伝えてあげましょう。悩みなどが同じ方からの話ほど説得力を感じるものはありません。

過去にあなたの商品を購入してくれたお客さまの共通点を探してください。どんな悩みを持っていたのか？　商品を購入してくれた理由は何だったのか？　リストアップしてみましょう。

7　アフターから攻める〜どんな未来になれる

これから言う話をよく聞いてください。お客さまは、商品が欲しくて買うのではありません。いいですか、もう一度言います。お客さまは商品が欲しくて買うのではありません。「臼井さん、何を言っているのですか？　商品が欲しくないのに買う人なんていないでしょ」確かにそう思いますよね。

多くの方は勘違いしているのですが、お客さまは何らかの悩みを解決したい。もしくは実現したいことがあって、そのキッカケとして商品を買っています（図表13）。

あくまでも商品は、得たい結果を掴むための1つの手段にしか過ぎません。ですので、商品そのものを売ろうとしても売れません。

〔図表13　お客さまが本当に欲しいものは〕

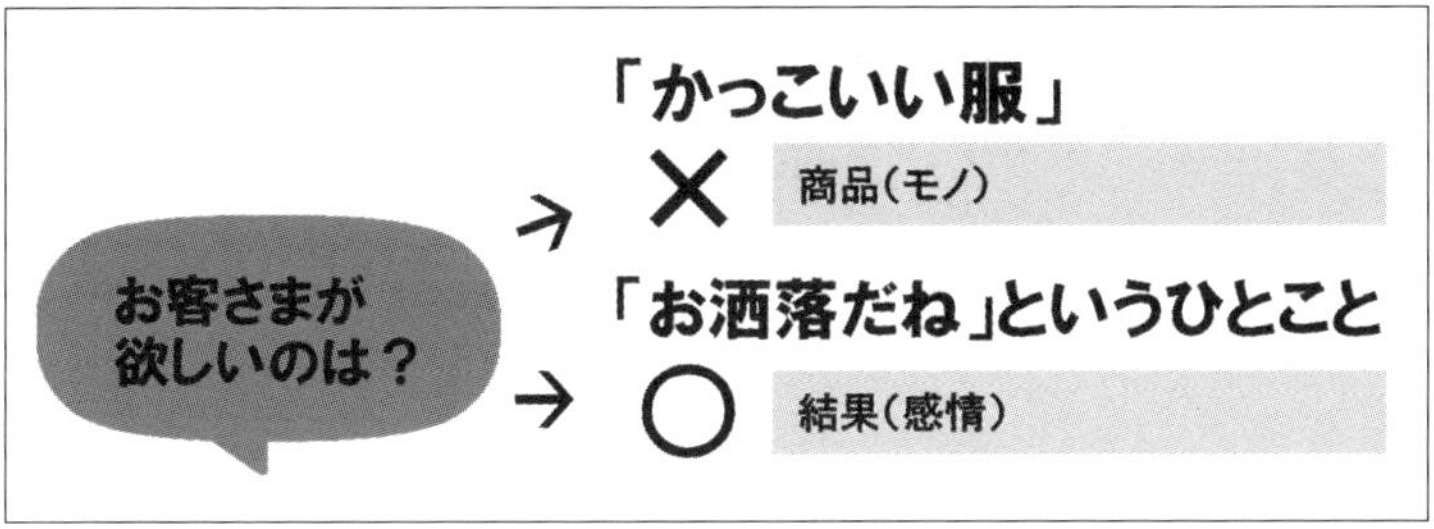

●お客さまが商品を買う理由

例えば、あなたが風邪をひいたとします。早く治したい。早く熱を下げて元気になりたい。早く仕事に復帰したい。お子さんと一緒に遊びたい。これらを実現するために、病院へ行ったり、栄養ドリンクを飲んだり、自宅でジッと寝るわけですよね。極論を言えば、早く（痛みを感じず）元気になれるのであれば、病院でも、栄養ドリンクでも手段は何でもいいのではないでしょうか。

つまり、お客さまは、商品自体が欲しいのではなく、何かの結果を得たくて、それを実現する手段として商品を買っています。お洒落な服を買うのは、みんなに褒められたい。普段とは違う自分になりたい。自分に自信を持ちたい。そんな結果（感情）を得たくて、服を買うのだと思います。であるとすれば、販売者であるあなたが、すべきことは何でしょう？

●未来を予感させる

お客さまは、「この商品があれば、●●な状態になれる」と想像できたときに、欲しい！　という欲求が芽生えます。そう考えると、あなたがPOPを通じてお客さまに伝えるべきことは何でしょうか？

例えば、この服を買うことで、どんな風になれるのか？　どんな生活が待っているのか？　を予感させてあげれば、お客さまは身を乗り出して、あなたの話を聞きたがるはずです。

商品の特長やメリットを伝えることも大切です。しかし、それらを伝えるのは、実は、後でよいのです。「この商品を使うと、こんな風になれますよ。なぜなら、こんな特長があるからね」。商品を手に入れると、どうなれるのか？　まず結果や未来を予感させてあげ、その裏づけとして商品特長があるイメージです。

あなたの商品を手に入れると、どんな楽しい未来が待っていますか？

8　誰が、から攻める～あなたの1番のお気に入りポイントは

●広告はスルーされる時代

世の中には情報が溢れています。インターネットを開いても、どこかの会社の広告を目にします。世の中、広告だらけです。すべての広告に目を通していたら、どれだけ時間があっても足りませんし、財布もすぐに空っぽになってしまいます。ですので、不必要な情報を、スルーすることを私たちは憶えました。

そんな中、今、必要とされているのは、一方的に流れてくる広告ではなく、「個人」からのおす

すめなのです。耳障りのいい宣伝文句ではなく、「おすすめしているのは誰か？」書き手の存在感が伝わるメッセージには力が宿ります。お客さまの心を動かしやすくなります。

先程、似た境遇のお客さまの意見を人は信用するものだという話をいたしました。ここでは、「書き手」にフォーカスして、売れるＰＯＰを生み出す秘訣をお伝えします。

●書き手の存在感を感じさせる

書き手の存在感とは、簡単に言えば、このＰＯＰは誰が書いたのかを伝えることです。商品の話を伝えるだけでなく、あなたの意見や気持ちを伝えるほど、書き手の存在感が伝わります。そしてお客さまに響きやすくなります。

「いやいや、私のおすすめなんて誰も興味ないでしょ」と思われるかもしれません。しかし、書き手であるあなたの存在感を伝えることで、「わざわざ店員さんが、このＰＯＰを書いたんだ」「よっぽどおすすめなんだろう」と信頼感や説得力が増し、購入という結果につながります。

でも、書き手の存在感を伝えるには、どうすればいいのでしょうか？　どんなメッセージを書けばいいのでしょう？

最も簡単な方法は、『なぜ（理由）』を伝えることです。

「なぜ、私はこの商品をおすすめするのか？」商品をおすすめする、あなたの個人的な意見を伝えて欲しいのです。

●キレイな言葉より、あなたの言葉

お客さまが商品を購入する行為はイコール、「あっ、確かにその通り」そう思って、あなたの話を信用し、耳を傾けてくれるわけです。このように、お客さまの共感を得るには、まず、こちらの意見を伝えなければなりません。商品をおすすめする理由を伝えることで、書き手の存在感を伝えるのです。キレイなありきたりな言葉より、あなた個人の意見であればあるほど、お客さまには響きやすくなります。

あなたの存在感が伝わるメッセージを意識してください。難しく考えず、あなたの意見や商品をすすめする理由を伝えましょう。なぜ、その商品をおすすめするのですか？　1番のお気に入りポイントは何でしょうか？

9　お客さまから攻める～購入者の共通点は

●販売をカンタンにする方法

「お客さま視点を持つように」「お客さまの立場になりなさい」あなたも耳にタコができるほど、何度も聞いたセリフではないでしょうか？『お客さま視点』、言葉では何度も耳にするのですが、意外とイメージしづらくないですか？　どうすれば、お客さま視点を持てるのか？　具体的な説明を聞かれたことがありますか？　ちなみに、お客さま視点の反対語は、販売者視点です。言い換え

〔図表14　お客さま視点のメッセージとは?〕

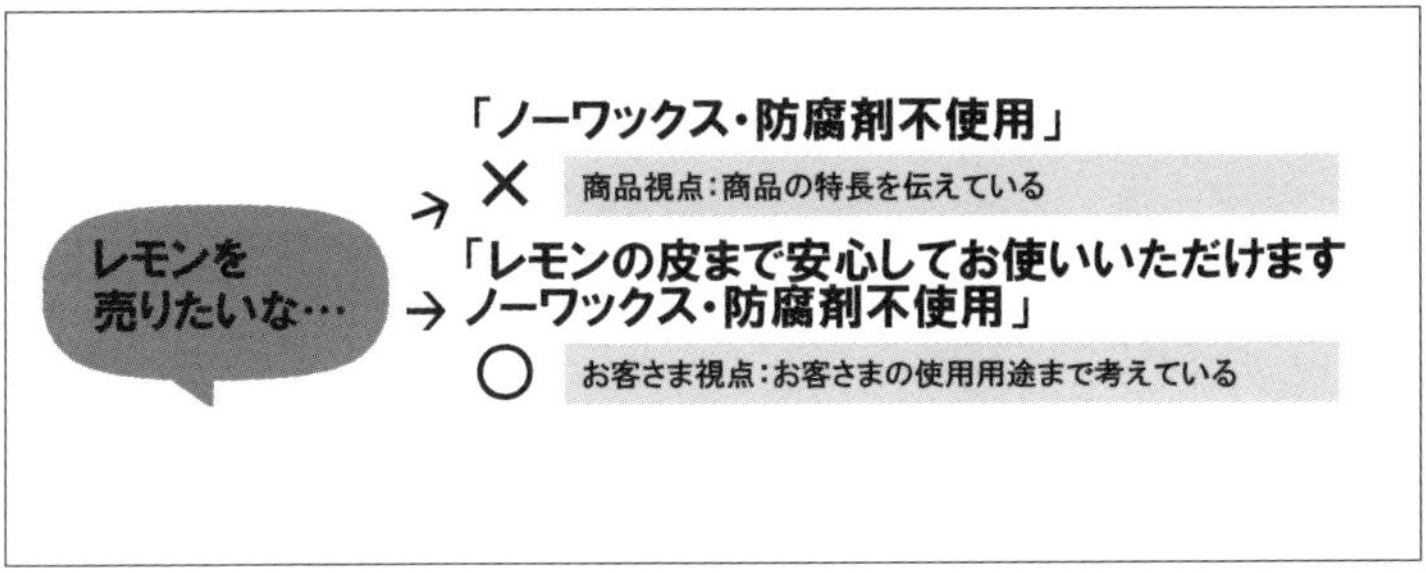
レモンを
売りたいな…
「ノーワックス・防腐剤不使用」
×
商品視点：商品の特長を伝えている
「レモンの皮まで安心してお使いいただけます
ノーワックス・防腐剤不使用」
○
お客さま視点：お客さまの使用用途まで考えている

ると、「商品視点」でもあります。

もしも今、あなたのお店で商品が売れにくいとすれば、それは商品視点にハマっている可能性が高いです。お客さま視点と商品視点の違いを知れば、商品を販売することは今より何倍も容易になります。

●商品視点とお客さま視点の違い

商品視点とは、文字通り商品を中心にした考え方です。例えば、あなたがリンゴを売りたいとします。「このリンゴは甘い」「美味しい」「新鮮」これが商品を軸にした考え方、これが商品視点です。一方、お客さま視点とは、ひと言で言うと、お客さまからスタートする考え方です。リンゴを売りたいのなら、その特長を把握したうえで「このリンゴに興味を持つ人は一体どんな人だろう?」「どんなときに食べたいのだろう?」「どんな家族構成なのだろう?」お客さまを軸にして考えます。

●常に意識するのはお客さま

例えば、わが家では毎朝レモン水を飲んでいます。健康維持が目的なので、できれば無農薬など安心できるものを探していますし、無農薬だと皮ごとジャムにも使えるのです。そんなとき、「ノーワックス・防腐剤不使用」と書かれたレモンと「レモンの皮まで安心してお使いいただけます。ノーワックス・防腐剤不使用」のレモンがあれば、恐らく後者に惹かれると思います。なぜなら、自分のニーズとマッチしているからです。

ヒントは、お客さまの共通点を発見すること。あなたが売りたい商品は、どんな人たちに人気なのか？　興味を持つ人はどんな人なのか？　お客さまの共通点を探ることでヒントが見えてきます。

共通点を発見すれば、ほぼ80％売れたも同然です。「美味しい」「安い」とあり来たりなおすすめメッセージよりも、その共通点を持った人たちに響く話題。その人たちの悩みは何かをイメージしながら語りかけることで、お客さまの琴線に響くメッセージになるはずです。

10　タイミングから攻める～なぜ今買ったほうがいいのか

●必要性を感じさせればお客さまは行動を起こす

当たり前ですが、お客さまは必要性がないと商品を買いません。「欲しい」ではなく、それが「必要」と感じなければ買わないのです。では、商品を買ってもらうために何をするべきでしょうか？

答えは、その商品がなぜ必要なのかをお客さまに感じてもらうことです。お金を払って何かを買う、何かのサービスを受ける。お客さまの腰は重いです。その重い腰を動かすには、必要性を感じてもらうことが一番の特効薬。必要性がない限り、お客さまは行動を起こしてくれません。

●購入してもらう1番の近道

「虫歯かな?」気になる歯があったので、近所の歯医者で処置をしてもらい、治療後、先生から「日々の手入れが大切ですよ」と定期的にメンテンナスを受けることをすすめられた。一体、何人の方がその後、虫歯予防のメンテナンスに通うのでしょう?

一方、歯がズキズキ痛む。あまりの痛さで夜も寝られない。例えば、あなたがこんな状態だとしたら「まぁ、いいか。いつか歯医者で見てもらおう」となりますか? 恐らくあなたの答えは、ＮＯ! だと思います。翌朝、即座に予約の電話をすると思います。

これまで学ばれてきたあなたなら、もう気が付いているのではないでしょうか。

綺麗な歯をキープしたいと虫歯を治したいでは、あなたを行動に駆り立てるエネルギーが全く違います。虫歯は早く治さないと、痛みがひどくなるかもしれない。逆に歯のメンテナンスは放っておいても、それほど支障はない。

お客さまは仕事もあるし、子育てもある、家事もしなきゃいけない、とても忙しいのです。そして、無駄な出費はしたくないと考えています。そんな中、お客さまに行動をとってもらうためには、必要性を感じてもらうのが一番の近道なのです。

●メリット・デメリットを考える

必要性といっても様々な種類があります。

先ほどの歯医者の話のように、今すぐその商品を必要としているかどうか？　さらに、お金を払ってでも、その商品を必要としているかどうか？　も重要なポイントです。

例えば、インターネットを検索し、ダイエットするための情報を収集している人と、スポーツジムの料金を調べている人とでは、必要性の強さが大きく違う気がしませんか？

お客さまに行動を起こしてもらうためには、必要性を感じてもらうことが何より必要不可欠です。

必要性の中でも、お客さまの行動を後押しする簡単な方法、その1つが「なぜ今！」を感じてもらうことです。

「今買ったほうがよいよ」「今買わないと損するよ」今、その商品を買ったほうがよい理由を教えてあげるのです。

例えば、うちの娘が歯の矯正を始めたときも「小学生のうちに矯正しておいたほうが治療期間も少ないし、コストも安く済みますよ」歯医者さんのひと言が治療に踏み切った大きな要因でした。

あなたの商品を今、手に入れたほうがよい理由、逆に今手に入れないと損をする理由は何でしょうか？

今行動するメリット、逆に行動しないデメリットを伝えることで、お客さまの重い腰を動かしてあげましょう。

第5章

「共感メッセージ」を生み出す10の法則

1　翌日から注文倍増！　共感を誘え〜メリット・デメリットの法則

●結果を出せるPOP3つのステップ

今でも忘れません。ある地方でPOPセミナー開催したときのこと。参加者のお一人に、POPなんて1枚も書いたことのない、飲食店の店長さん（50〜60代の男性）が参加されていました。

この方に今回あなたにご紹介する、ある公式に従ってPOPを書いてもらいました。すると1か月ほど経って、セミナー主催者の方から「臼井さん、あの店長さん、あのセミナーの翌日から注文が倍になったらしいですよ」とご報告をいただきました。

「POPに何を書けばいいのかわからない」という方は、まずはこの公式に当てはめてみてください。お客さまの共感を誘うメッセージが書けるようになるはずです。

今回のフォーマットはかなり強烈です。当てはめて実践してもらえれば、かなりの確率で結果が出ます。さらに実践も簡単です。３つのステップを順に当てはめれば、POPが完成します。

●ステップ①買わない理由を考える

あなたが売れると自信を持っている商品を、お客さまにおすすめしたとします。10人におすすめして、一体何人のお客さまが買ってくれるでしょう？　全員が購入してくれればいいのですが、購入しない方も必ずいますよね。「高いから…」「他のお店でも売ってるから…」「似たものを持っているから…」言葉には出さないかもしれませんが、お客さまは心の中に何か買わない理由を持っているはずです。

ステップ①では、お客さまが買わない理由を考えてください。あなたのおすすめに対し、お客さまが心の中でツッコんでいる反論（買わない理由）をピックアップしてください。

●ステップ②同意する

このステップ①で考えてもらったように、お客さまが商品を買わないのは何かしら理由があるからです。ステップ②では、お客さまが買わない理由を受け止めてあげます。例えば、

「他のお店でも売っていたし…」→そうですよね、よく売られていますよね。

「高いし…」→確かに、高いですよね。私もそう思います。

自分の意見ばかり言って、相手の話を受け入れない人と話をしたくないのは、日常のコミュニケーションでも同じです。おすすめするだけでなく、お客さまの気持ちを受け止めてあげてください。

●ステップ③商品のメリットを伝える

ステップ③では、普段あなたが行っているように商品のよいところを伝えて、お客さまにおすすめしてください。

〔図表15　共感メッセージの公式『メリット・デメリットの法則』〕

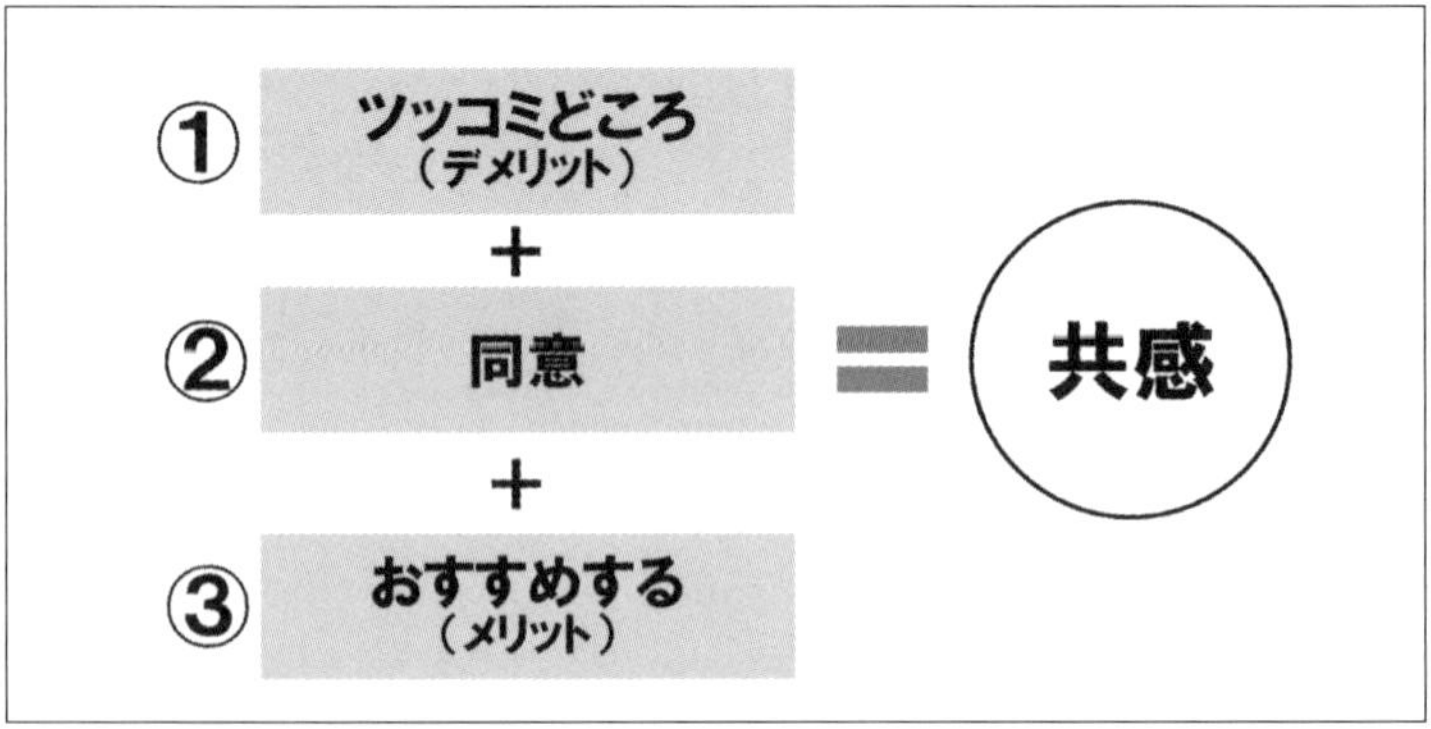

●共感を得るカギは、ステップにあり

「この商品はこんなによいですよ！」多くのお店では、商品をおすすめすることに意識がいき、お客さまの気持ちを汲み取ることが後回しになっています。しかし、お客さまにすれば「またか…」という感じです。

そこで、今回のフォーマットでは、お客さまの気持ちを1番に考えます。ステップ①で考えてもらった商品を買わない理由（ツッコミどころ）は、お客さまが心の中で呟いている内容でもあります。

例えば、「この商品高いしな～」と思っているお客さまに「確かにこの商品って高いですよね」と、お店がその気持ちを代弁してくれたら、お客さまはどんな気持ちになるでしょう？

普段、商品をおすすめすることばかりの店員が、自分の気持ちを受け止めてくれたら嬉しくないですか。思わず信頼が芽生えてしまいますよね。続いて「実は、この商品って…、○○なんですよ」商品のメリットを伝えてあげる。

〔図表16　書いた翌日から注文数が倍増したＰＯＰ〕

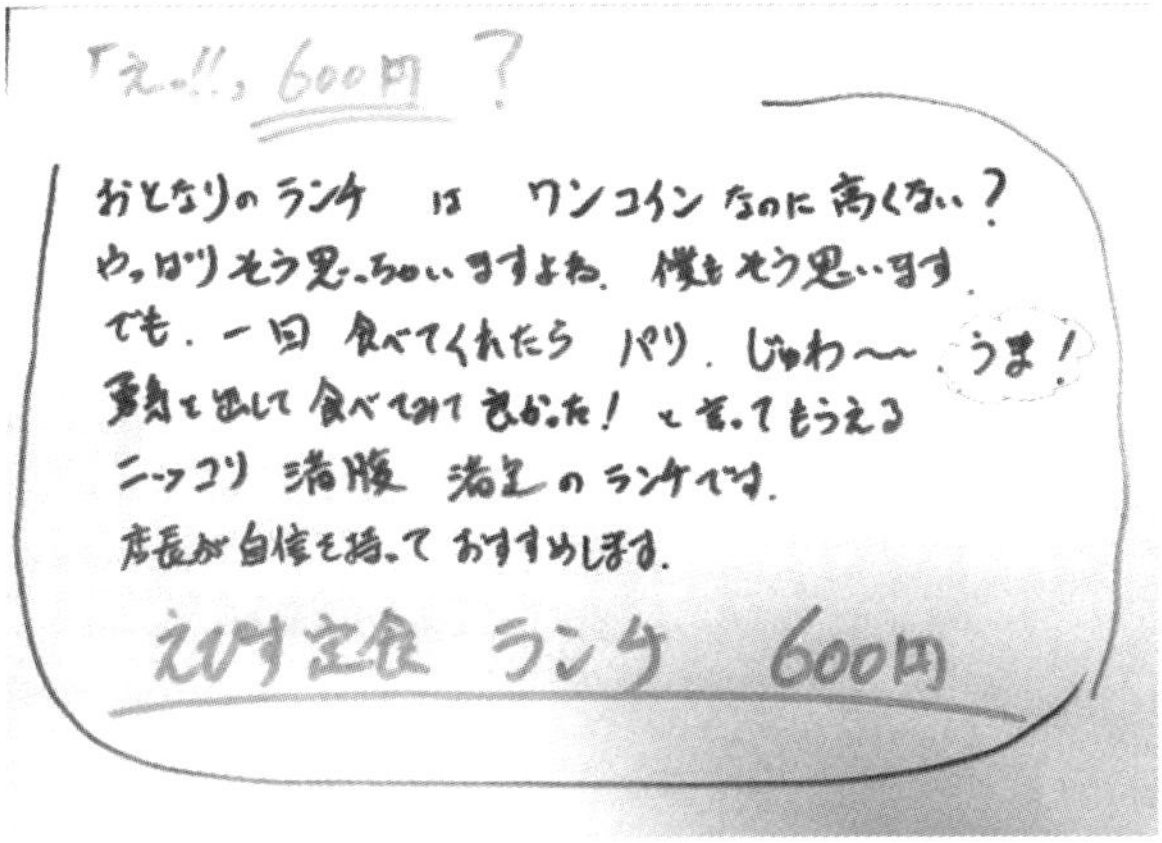

ただ商品をガリガリおすすめするお店と、お客さまの気持ちを理解した上でおすすめするお店。お客さまは、どちらで買い物をしたいと感じるでしょう？

●翌日から注文数が倍増

お客さまの気持ちに寄り添った上で、おすすめしてあげれば、格段に商品は売れやすくなるはずです。

図表16は、今回の共感を誘うメッセージをつくる公式『メリット・デメリット法』を活用し、セミナー参加者が書かれたＰＯＰです。既に56頁でご覧いただいたようにＰＯＰを設置したことにより、翌日からこの定食の注文数は倍増しました。

①ツッコミどころ、②同意、③メリットは、メッセージのどの部分に当たるのか？　ＰＯＰを見ながら確認してみてください。

2　30秒でお客さまの心を掴む〜ワンフレーズクエスチョンの法則

●簡単にＰＯＰを完成させる方法

今回のフォーマットは、ある質問に答えるだけで、キャッチコピーとメッセージを同時に生み出すことができる、非常に便利な方法です。「キャッチコピーを考えるの苦手だな…」という初心者の方でも、簡単にＰＯＰを完成できるやり方です。

こちらのフォーマットでは、２つの質問に答えていただきます。ではまず、その質問に答える前に、あなたが売りたい商品を決めてください。

次に、その商品をジーっと眺めているお客さまの姿を想像してください。売場に陳列されている商品を興味深そうに見ているお客さまです。売りたい商品がモノではなくサービスであれば、そのサービスを紹介したチラシを熱心に読んでいるお客さまです。そのお客さまに気がついたあなたは、「何か声をかければ、売れる（申し込んでもらえる）のでは？」と思います。

さて、ここで質問です。あなたは、商品を眺めるお客さまに、

「ひと言目に何と声をかけますか？」

こんにちは！　いらっしゃいませ！　など挨拶は抜きにして、どんな声かけをするか考えてみてください。

〔図表17　販売量が前年の161％になったＰＯＰ〕

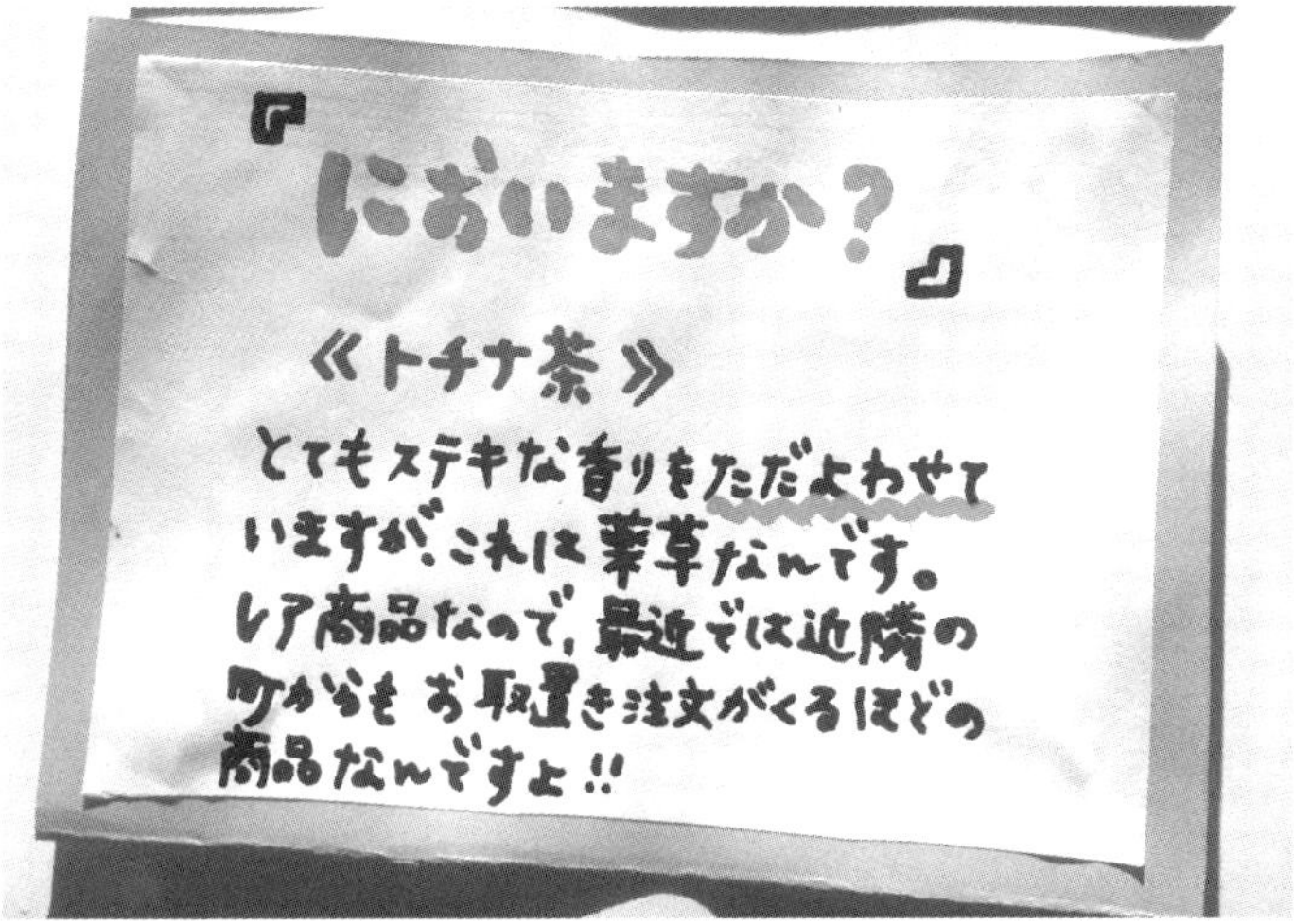

●売上が161％になった1枚のＰＯＰ

あなたが声をかけるとお客さまは、こちらを振り向いてくれました。あなたの話に興味を示して、もっと話を聞きたそうな表情をしています。続いて、質問です。

次に、『あなたはどんな話をしますか？』ひと言目に声をかけた後に続く言葉を考えてみましょう。

イメージしやすくするために、事例を挙げます。あるサポート先のお店のスタッフさんに同じワークを行ってもらった際の話をします。

まずスタッフさんが売りたい商品に挙げたのが「とちな茶」という独特の香りがするお茶の葉でした。次に、お客さまに声をかけるひとこと目は、「においますか？」という言葉でした。なぜなら売場に陳列しているだけで、独特の香りが漂ってくるからだそうです。

さらにその後、お客さまに話す言葉を考えてもらい、出来上がったのが、前ページ図表17のＰＯＰです。ちなみに、こちらの商品はＰＯＰを設置したことにより、前年の同時期に59袋だった販売数が、95袋へと大幅に増加しました。

●ひとこと目に何と声をかけるか？

ポイントは、声をかけるひとこと目をキャッチコピーに（例：においますか？）、その後に続く言葉をメッセージとして続けることです。こうすることでお客さまは、まるで店員さんに話しかけられているかのような気持ちになり、あなたのメッセージがスッと心に入りやすくなるのです。

ひと言目に何と声をかけるのか？　想像力をフル活用して、あなたなりのＰＯＰを書いてみてください。

3　お客さまが本当に〝欲しい〟ものを見抜く～だから何？　の法則

①高性能250ギガバイトのパソコンです

②ストレスなしで動画をサクサク観られるパソコンです

あなたなら、どちらのパソコンに興味を持ちますか？

商品を売るには、伝え方がすべてです。伝え方次第で、結果は一変します。商品の持つ価値が

100％伝わることもあれば、価値の半分も伝わっていないことがよくあります。

冒頭で並べた2つは、同じパソコンを紹介しているのですが、お客さまに与える印象は全く違ってくることがおわかりいただけると思います。

●売るのは、商品より結果

勘違いしている方が多いのですが、先ほどもお伝えしたようにお客さまが欲しいのは、実は商品ではありません。お客さまは商品の先にある結果を得たいのです。であれば、私たちが売らなければいけないのは、商品ではなく『結果』です。この原則を覚えておけば、商品の価値を100％伝えることができますし、バンバン売ることも可能になります。

例えば、先ほどパソコンの話でいえば、「250ギガバイトのパソコン」は、商品を売っている状態です。一方、「動画をサクサク観れるパソコン」は、お客さまが得られる結果を売っています。

この違い、わかりますか？　もう1つ例を挙げましょう。

「新技術搭載、風速30m／sの扇風機です」

「毎月500円節電しながらも涼しくなる扇風機です」

結果を売っているのはどちらでしょうか？

残念ながら、多くのお店がPOPでアピールしているのは、商品そのものです。だから売れにく

〔図表18　お客様の“欲しい”を発見する『だから…何?』ワークシート〕

①特長		②だから…？
・甘い・糖度10度	→	「おやつ代わりになります」
・誰がつくっているかわかる	→	「生産者も責任を持って栽培しているので安心」
	→	

いのです。風速30ｍ／ｓと言われても、いま1つピンと来ませんよね。欲しいと感じにくいのではないでしょうか。これでは商品も、なかなか売れにくいです。ですので、その扇風機を使うことによって得られる結果を訴えなければいけません。

では、具体的にどうすれば、商品の結果を伝える文章がつくれるのか？　文章力に自信がない方でも3ステップでつくれる方法があるので、ご紹介します。

●ステップ①商品の特長を挙げる

例えば、トマトを売るとします。特長は、甘い。糖度10度。減農薬栽培。誰がつくっているのかがわかる、これらが特長です。

●ステップ②だから…をつなぐ

ステップ①で挙げた商品特長に、接続詞「だから…」をつなぎます。「このトマトは甘いです。だから…」「このトマトは、誰がつくっているのか生産者がわかります。だから…」というように、だからでつなぎます。

●ステップ３．文章をつなぐ

だから…の後の文章を考えます。

「このトマトは甘いです。だから、お子さんのおやつの代わりにも召し上がりいただけます」

「このトマトは、誰がつくっているのかわかります。だから、生産者も責任を持って栽培していますし、安心してお召し上がりいただけます」

このような形で、２つの文章をつなげば、ＰＯＰメッセージの完成です。

まず商品の特長を挙げ、それがあることにより、お客さまにとってどんなメリットがあるのかを考えます。言ってみれば、このメリットを手に入れたくて、お客さまは商品を購入します。ですので、あなたがアピールしなければならないのは、特長ではなく、だから…の後に続く、お客さまにとってのよいこと（メリット）です。

●お客さまが本当に〝欲しい〟ものは何か？

目の前の商品を手に入れると、お客さまにどんなよいことがあるのか？　手に入れた後の未来を伝えてあげることがポイントです。お客さまが未来を想像できればできるほど、行動を起こしてくれやすくなります。イコール、商品を買ってもらいやすくなるということです。

どんな商品でもサービスでもいいです。その商品の特長を拾い出し、「だから一体何がいいの？」問いかけてみることです。その質問の先に、お客さまが本当に欲しいものが何かが見えてくるはずです。見えた答えをＰＯＰに書いて伝えましょう。

4　お客さまの世界に入り込め～架け橋の法則

もし、あなたの話をお客さまに聞いてもらいたいなら、１番の近道は、具体的に伝えることです。具体的に話せば話すほど、言葉に力が宿りますし、相手の心に響きます。

あなたの話を聞いたお客さまは、商品を買うという行動をとってくれやすくなります。

●見たことがない黄色い果物を売る方法

高知県の特産品である文旦（ぶんたん）という果実をご存知ですか？　見た目はグレープフルーツにそっくりで、さっぱりとした甘みが特徴です。認知度はまだそれほど高くないのですが、一部の百貨店などでも取り扱われ、知る人ぞ知る果物です。

実は、私も産直店時代、この文旦を販売していた経験がありますが、「文旦です。酸味と甘みのバランスがよくて美味しいですよ」といくらおすすめしても、いまいち売れませんでした。今ならわかるのですが、ありきたりな説明で、お客さまはイメージしづらかったのだと思います。

お客さまに興味を持ってもらうためには、もっと具体的に話す必要があります。お客さまが頭の中で具体的にイメージできればできるほど、欲しいという気持ちになり、購入にもつながりやすくなるのです。

●お客さまの世界に入り込む

第三者に物事を伝えるためには、相手の現実で話すことがポイントになります。

つまり、あなたの商品は、お客さまの日々の生活の中のどんな場面で使えるのか？ どう役立つのか？ お客さまの生活シーンを想像して、イメージできるように伝えてあげるのです。

そのとき、ポイントとなるのが、あなたの商品とお客さまの世界を「橋」でつなげてあげるイメージです。

見たこともない文旦を紹介されても、どんなものか想像できませんでしたよね。そこで、お客さまが知っているグレープフルーツを喩えに出す（橋をかける）ことで、伝わりやすくなるのです。

「グレープフルーツを食べたことがありますか？ グレープフルーツって、酸っぱくて苦手な方も多いですよね。あの独特の酸味だけでなく、甘みのバランスがとれた果物があれば、ずいぶん食べやすくなりませんか？ 実は、そんな果物が存在します。見た目はグレープフルーツにそっくりで、さっぱりとした甘みもあり食べやすく、10キロ箱で購入するファンも多くいます」といった感じです。

あなたが伝えたい話とお客さまの世界をつなぐ架け橋となるものはないか？ まずは、お客さまが知っている言葉や話、過去に経験したことに置き換えることはできないか？ 想像してみることがスタートです。

5　価格競争とは無縁の世界へ〜人ウリの法則

●他店より高くても売れる秘策

他店へ行けば、売っている。量販店へ行っても、自店より安く売っている。そのような、どこにでもある商品を売るのは、正直難しいです。とはいえ、売らなければいけない状況があるのも事実だと思います。

今回あなたにお伝えするのは、たとえ他店で売られていても、他店より1〜2割高かったとしても、商品が売れるようになる秘策です。この方法を取り入れることで、価格勝負の世界に別れを告げることができますし、あなたのお店のファンを生み出すうえでもポイントになる話です。

●何百人ものライバルから選ばれるには

私が30歳の頃に働いていた産直店では、数百人の生産者さんが野菜などの商品を出荷してくださっていました。シーズンになると、キャベツ1つとっても、十数人の商品が並んでいる。そんな中、「この人のキャベツは自信を持っておすすめできる！」という一押しの生産者さんもいました。

しかしながら、そのようなおすすめの生産者さんの商品は、他の方と比べて価格が1・5〜2倍近く高いことも日常茶飯事でした。

〔図表19　商品と一緒に担当者を紹介する人ウリＰＯＰ〕

では一体、どうやって一押し生産者さんの高い野菜を買ってもらっていたか？「価格を下げる？」勿論それも方法の1つですが、私が行った方法は違いました。

●モノではなくヒトを売る

例えば、生産者さんの中には、脱サラをして農家になられた方も多くいらっしゃいました。ある商品には、「もともとヤリ手の居酒屋店長だった●●さん。ご家族と一緒にいる時間を増やしたいとのことで高知県へ移住し、就農されました。その●●さんがつくられたイチゴがこちらです」といったPOPを付けたこともありました。

何をしたかと言うと、「人」のことを伝えたのです。商品に関わる人をお客さまに紹介したのです。この話をすると「私のところの商品は農産物ではないので、人（生産者）がいません」と言われる方もいらっしゃいます。ご安心ください。例えば、あるお店では、メーカーの営業マンさんをＰＯＰで紹介しています（前ページ図表19参照）。

この商品は他店でも販売されています。普通に商品説明を書いても、他店でアピールされている内容と同じで面白くない。そこで、このお店では商品を納品に来てくださる営業マンを紹介することにしました。商品を紹介するお店は山ほどありますが、営業マンをクローズアップするお店はほとんどないはずです。

あなたのお店にしかない商品を売るのが理想ですが、そうでない場合が多いのが現状です。ならば、あなたのお店でしか発信できない情報を伝えることで、オンリーワンの商品（お店）と感じてもらう。

その際に有効なのが、今回の『人ウリの法則』です。

あなたのお店をオンリーワンの存在にし、価格競争とは無縁の世界に入ることができる取り組みでもあります。ぜひ、チャレンジしてみてください。

6　身近であるほど売れる～プライベートの法則

●誰がすすめているかで売れ方は変わる

1つのメッセージでも、発信者が誰なのか？　おすすめする人や立場によって、相手の受け取り方は千差万別です。店長やスタッフ、商品の仕入を担当するバイヤー、はたまた友人や家族など、商品の情報を教えてくれる人は、たくさんいます。

実は、同じおすすめ情報でも、誰がおすすめしているのかで、売れ方は大きく変わってきます。同じ商品でも、おすすめする人が変わることによって、いきなり売れ出す。そんなミラクルなことがあなたのお店でも起こせます。

同じ商品なのに、売れるお店と売れないお店が存在するのは、そこが理由だったりします。

●ある店長さんからの報告

以前、あるスーパーの店長さんが、私のメルマガに返信をくださいました。細かい数字などは憶えていないのですが、内容は、店長さんがＰＯＰを書いたら短時間で爆発的に売れました！　というご報告でした。そのいただいたメッセージの中で、強く印象に残っていることがあります。

その商品はカボチャで、食べ方などを書かれたＰＯＰを置いていたそうです。実は、その食べ方は、店長さんがお店のパートさんに聞いて、「うちのパートさんによると…」というメッセージを書かれていたのです。実はここに、売れるＰＯＰのヒントが隠れています。

あなたがおすすめされるときに、「当店のオススメ」と「うちのパートさんからのオススメ」では、何か印象が違いませんか？　私は、「パートさんからのオススメ」と聞くと、メッセージに対する信頼度が高く感じます。なぜなら、パートさんは自分たちお客との立場が近い、同じ目線でおすすめしてくれている感じがするからです。また、おすすめしてくれている人は、あのパートさんかな？いやあの人かも？ と想像することで、メッセージへの親近感も高まります。

●お店を一旦離れてみる

お客さま視点を持つ。お客さまの立場になって考える重要性は、販売の世界でよく言われます。商品をおすすめするときも同様です。しかし、実はこれ、なかなか難しいです。「どうやって売ろう？」と考えると、つい売り手目線になってしまいますよね。

売り手と買い手の関係ではなく、一個人として情報を発信する。母親でもいいし、父親の立場でもいい。お店の人間から一旦離れた立場から、情報を伝えてみる。そうすることにより、お客さまは商品をおすすめされているというより、同じ立場の人間からのメッセージとして受け入れやすくなります。結果、顧客との関係性を築くことができますし、顧客と同じ目線で情報を届けるお店は、「信頼できるお店」としてファンも生まれるのではないでしょうか。

7 説得力のあるメッセージをつくりだす～年賀状の法則

●ＰＯＰにどんなことを書けば商品は売れるのか

講義を行っていたある大学校で、生徒から質問をもらいました。

〔図表20　どちらのお店で買いたいですか?〕

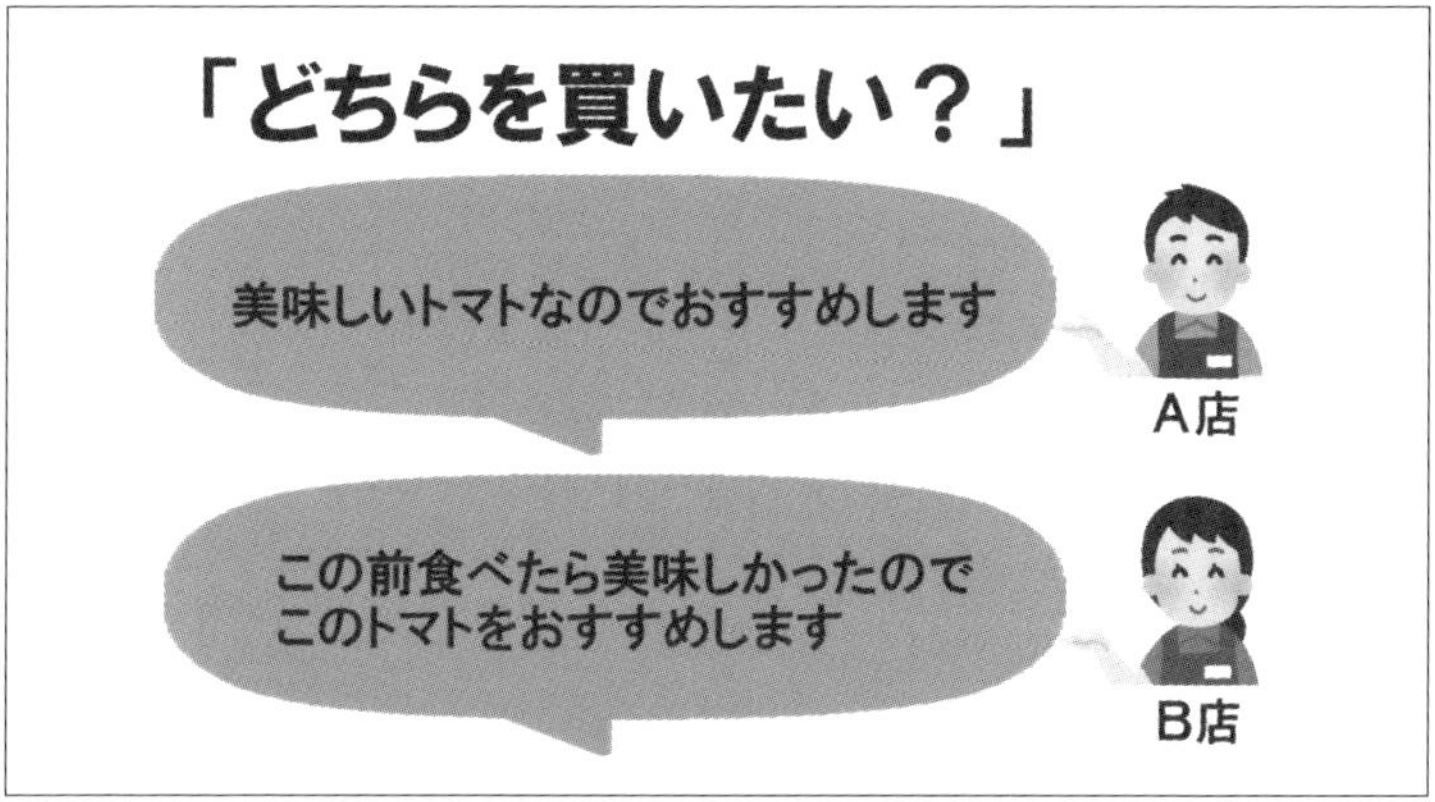

「ＰＯＰに何を書けばよいのかわかりません…」。実はこれ、生徒たちだけでなく、ご商売をされている店主さんからもよくいただくご相談です。

「ＰＯＰにどんなことを書けば商品が売れるのか？」

ＰＯＰを実践する上で、１度は感じる疑問だと思います。この答えは、極論をいえば、あるたったひと言に集約されます。

●どちらを買いたいか？

例えば、価格も量も見た目も同じトマトをA店とB店で売っているとします。お店のおすすめトークだけが違うとすれば、あなたは、一体どちらのお店で買いたいですか？（図表20参照）

今の質問はセミナーや講演でもよくしますが、参加者の90％以上の方がBのメッセージを選びます。その理由を聞くと、「誰がおすすめしているのかがわかるから信頼できる」という答えが返ってきます。中には

「味の好みは人によって違うから…」という、あまのじゃくな返答をする参加者もいますが。

勿論100人中100人が同じ意見なんてことはありません。人によって好みも感覚も違います。ただ、90%以上の参加者がBを選ぶということは、お店側がBのようなおすすめの仕方をすれば売れやすくなるというヒントが隠れているのではないでしょうか。

●心に残る年賀状とは

お正月に届く年賀状、現在では専用ソフトで印刷する方も多く、どれも似たものが多いです。そんな中、「本年もよろしくお願いします」たったひと言でも手書きで書かれていると、相手の顔が浮かび、年賀状を何度も読み返したくなりませんか？

ここから学ぶべきことは、ただ闇雲に「いいですよ」と商品をすすめるのではなく、誰がその商品をすすめているのか？　一体誰がそのPOPを書いているのか？　商品をおすすめする人の「存在」を伝えるほど、そのメッセージは信頼度が増し、響きやすくなるということです。

「なぜ、あなたは、この商品をおすすめしたいのか？」「お気に入りの理由は何か？」一個人として、商品に対する気持ちをメッセージにすることで、あなたの存在感が伝わります。

慣れるまでは勇気がいるかもしれませんが、商品に対するあなたの意見や感想、何でもいいので伝えてみましょう。あなたの存在が伝われば伝わるほど、お客さまの心に響きます。お客さまは、あなたの言葉を待っています。

8　たった1枚で前年比140%超え～第三者の法則

●なぜ、お客は買わないのか？

ＰＯＰは、商品を売るためのツールであり、広告や販促物と呼ばれます。にもかかわらず、お客さまに「何か商品を買わせるための広告」だと感じさせてしまった時点で、負けです。逆にいうと、広告と思われないことが、成功の秘訣です。

「どうせ何かを買わせるためでしょ」と思われた時点で、お客さまの購買意欲は激減します。「買おう」という気持ちは消え失せてしまうのです。とすると、いかに広告と見破られないＰＯＰを書くか？　いかに広告と感じさせないメッセージを伝えることができるかが、商品を買ってもらうための生命線になってきます。

●売上4割増しになったＰＯＰ

54ページでご紹介した図表8のベーカリー店のＰＯＰをもう一度ご覧いただけますか？　こちらの②のＰＯＰは、あるベーカリー店のオーナーさんと一緒に書いたものです。少し字が小さいので読みにくいかもしれませんが、改めて、メッセージを全文読んでみてください。メッセージを読んでみて、どんな風に感じましたか？

商品はお店の看板商品である塩パン。実は、このPOPを設置したことで、月間販売量が700個から1000個以上の約4割増しになりました。

POPをよく読んでいただくとわかるように、メッセージには商品である塩パンの説明はほとんど書かれていません。通常のパンのPOPであれば、製法や原料にこだわっている話などがよく書かれています。しかし、こちらのオーナーさんが伝えられているのは、お店の常連さんのエピソードです。来店されるたび塩パンを10個以上買ってくれるお客さんの話。嬉しくって、売上数を報告するようになったお話です。

なのに、売れ行きは前月比140％以上。一体なぜ、このようなことが起こったのでしょう？

●第三者の威力

あなたは通販サイトで購入する際に、『レビュー（お客さまの声）』を確認してから、購入ボタンを押したことがあるのではないでしょうか。今や通販サイトだけでなく、どんな業界でもお客さまの声は採用されています。販売者がどれだけ商品のメリットを伝えたとしても、実際に購入した方の意見のほうが信用できると思っているのです。

過去にお客さまに声をかけてもらったことやエピソードなど、思い出してみてください。販売者がいくら商品をすすめても、第三者の言葉には敵いません。何倍もの威力を発揮します。それをPOPで伝えることができれば、売上倍増は夢ではありません。

9　お客さまを味方につけろ～共感ポイントの法則

●お客さまの興味を惹きつける

「接客をしても話を聞いてもらえない…」「POPを書いても読んでもらえない…」この問題の原因の大半は、今から話す秘密を知ることで解決できます。

これから話す『ある』ことを話のスタートにすることで、お客さまの興味を惹きつけることができますし、驚くほど話を聞いてもらえます。

化粧品販売やサロンをされる、ある会員さんの事例をお話しします。POP講座受講後、そこで学んだ方法で化粧品（約3000円／本）の販売をPOPで実践。すると、前年1年間の販売量を、わずか10日間で売り切ってしまったというのです。

1年は365日。365日間で販売した数量を、たったの10日間で達成したその秘密とは？

●1年間の販売量をわずか10日で達成した秘密

私たちは、自分と共通点を持つ人間に親しみを感じやすいです。セミナーに参加した際、隣の人と話をしたら、出身地が同じだったり高校が同じだったら、一気に仲間意識が芽生えますよね。私たち人間は、たった1つの共通点（共感ポイント）を通して、「この人は、自分と同じだ」「私のことを理解してくれている」仲間として認めあう傾向があるようです。

先ほどの化粧品を販売される会員さんは、これをうまくＰＯＰに活用したことで、前年1年間の販売量をわずか10日間で達成されました。

具体的に会員さんが行ったことは、たった1つです。おすすめしたい化粧品に対するお客さまとの共感ポイントをＰＯＰに書いて紹介したのです。

●共感ポイントを通して信用を得る

今回、会員さんはＰＯＰのキャッチコピーに「娘に買ったけど、ほとんど私が使ってるわ」と書かれました。商品を購入されたお客さまの声だそうです。おそらく他のお客さまも心当たりのある体験だと思います。この言葉を読んだお客さまの中には、「そうそう。みんな一緒ね」と心の中でつぶやいた方も多いはずです。このメッセージを読むことで、お店に対して親近感を感じ、コミュニケーションが始まるのです。

今回ご紹介した話は、お客さまの声を活用された事例ですが、何もそこにこだわる必要はありません。お客さまが抱える悩みや、得たい結果、お客さまが信じていることは何か？　を理解し、ＰＯＰを通じて伝えてあげることで、「あー、このお店はわかってくれている」お客さまはあなたの話に耳を傾けます。

伝えたいことを一方的に語るのではなく、「こういうことで悩まれていますよね」お客さまを理解して、うまく伝えることで、お客さまの信頼を勝ち得ることが可能になります。

10　ＰＯＰはラブレター～語りかけの法則

●お客さまの心に響く言葉

１つ質問です。あなたが休日にご家族で外食へ行ったとします。初めてのお店だったので、店員さんに「こちらのオススメって、何になりますか？」質問しました。その際、「当店のオススメは●●です」メニューに書かれた料理をすすめてくれる店員さん。

一方、「当店のオススメは●●です。ただ個人的には、この料理が好きなんですよね」熱く語ってくれる店員さん。どちらの料理を頼みたいと思いますか？　どちらの店員さんに好感を抱きますか？

●運命の別れ道

ＰＯＰは、ある意味ではお客さまへの手紙、ラブレターです。あなたが他の業務などで忙しく、接客できない。おすすめしたい商品があっても、手が離せなくてお客さまに話かけることができない。そんなとき、あなたの代役となり、お客さまに語り掛けてくれるのがＰＯＰです。

あなたの代役であるＰＯＰが、どんなメッセージで語りかけるのか？　お客さまのお店に対する印象を左右する大きなポイントになります。たった１つの伝え方次第で、熱烈なファンになってくれるのか。よくあるお店の1つとして捉えられるのか。180度違う結果を生み出します。

その運命の別れ道の1つになるのが、親しみのあるメッセージであるかどうかです。

●1番心に残っているアドバイス

冒頭でお聞きした、あなたがご家族で外食した飲食店。店員さんのおすすめの仕方が、マニュアル的で気持ちの入っていない商品のおすすめなのか、「自分が好きだと思っているメニューをすすめてくれているんだろうな」と感じられるかで、あなたが感じる印象は大きく違うのではないでしょうか。

POPも同様です。かしこまり過ぎるのも禁物です。普段、あなたがお客さまに話かけているように、POPのメッセージで表現することで、お客さまは親近感を抱いてくれます。

「今までは、事務的なセールスポイントの説明になっていましたので、語りかけのアドバイスは一番心に残っています」。POPスクールの受講生のお1人がおっしゃっていた言葉です。

POPを書くとなると、きちんと伝えたいがために、必要以上にかしこまった文章を書く方が多いですが、それでは相手の心に響きにくいです。目の前にお客さまがいれば、どのような口調で話しかけるのか？　そのときの言葉をそのまま文字にして紙に書くイメージです。変にかしこまった言葉や文章になると、せっかくのあなたの思いが半減してしまいます。

POPは、あなたの気持ちをお客さまへ届けるラブレター。普段通りの言葉で伝えてみてください。

第6章

「売れるひと言」を見出す10のヒント

1　あなたの商品を人に喩えると～擬人化のヒント

●周りのテーブルの話に耳を傾ける

今度、友人や仕事仲間とお酒を飲みに行ったとき、周りのテーブルでどんな話をしているか？　どんな話題で盛り上がっているか？　よーく耳を傾け、会話を聞いてみてください。周りの席は、どんな話で盛り上がっているでしょう？

おそらく話題の約90％以上が、「自分たち」の過去の話か、「他人」の噂話で盛り上がっている可能性が高いはずです。お酒や外食の機会がなければ、夕食時、奥様（旦那様）としている話の内容に意識を向けてみてください。必ずと言っていいほど、他人の話が出てきていると思います。会社の同僚であったり、友人の話であったり…。

●人間心理をうまく活かした販売法

井戸端会議という言葉がありますが、噂話の大半は他人の話題だと思います。誰か近所の人の話や、芸能人の話題などで盛り上がる。私たち人間は、人のことが大好きです。モノやサービスよりも人に興味、共感を示す生き物だと個人的に感じています。そして、この人間が持つ習性を商売にも活かさない手はないと思っています。

〔図表21　チーズケーキを擬人化したＰＯＰ〕

例えば、あなたがショートケーキのＰＯＰを書いておすすめするとします。その際に、「美味しいですよ」「さっぱりとした甘さです」「生クリームといちごの甘さが絶妙です」といった表現は、どこのケーキ店でも伝えることができます。言い換えると、ありきたりな内容ともいえます。とはいえ、「美味しさ」を違う言葉で表現するには、限界があります。

そこで、あなたに試していただきたいのが、「擬人化」という手法です。あなたが扱う商品を人間に喩えて、紹介するのです。

●36歳のチーズケーキ!?

ある洋菓子店では、チーズケーキを人間に喩えて、「昭和51年生まれ、今年で36歳になりました」というメッセージを書いておすすめしていました。商品を販売してから36年経っているからなのですが、お客さま心理としては、「36年間も売っている。それだけ長く続いているのだから、きっと美味しいだろう」と考えるのではないでしょうか。

商品の年齢を伝えることで、長く愛され続けていることが伝わり、結果的に、その商品の美味しさを感じる非常にユニークな事例です（図表21）。

あなたの商品を人間に喩えると、どんな存在でしょう？　どんな性格でしょう？　他店でも扱われている商品であっても、擬人化することで全く別の商品に変身します。きっとお客さまも無視できなくなります。商品特長やメリットをただ伝えるだけでは、ありきたりでお客さまの心には留まりません。擬人化することで、商品にグッと親しみが湧くはずです。

2　弱点をさらけ出すと？　～あえて…のヒント

●あなたのＰＯＰがスルーされる理由

ＰＯＰを書いても売上につながらない最大の要因の1つは、お客さまがＰＯＰに書かれたメッセージを信用していないからです。ＰＯＰを読んでも、「どうせ買ってもらいたいから、都合よく書いているんでしょう？」と思っているお客さまは多いです。

多くのお店から、商品のおすすめシャワーが滝のように浴びせられるため、お客さまは拒否反応を起こしてしまっているのです。あなたがどれだけ商品のよいところを伝えようとも、信用しない。

POPを見ても、スルーの状態になっているのです。

●おすすめにアレルギーを持つお客さま

お客さまは至るところで、「これ、いいですよ」「これを買うと○○になれますよ」商品をおすすめされる。一体何を買えばいいのか？　どれを信じていいのか？　お店側の情報を勘繰りたくなっても仕方がない状態です。当然ながら商品は売れません。

ですので、ここであなたに提案したいのは、一度、商品をおすすめすることをストップすることです。セールスを止めるのです。あなたがおすすめをストップすることで、お客さまの心の針が逆向きに振れ、欲求を喚起するのです。

●弱点をさらけ出せ

例えば、あなたが人事部の人間で、新入社員の面接を担当するとします。自分のよいところばかりアピールするAさんと、自分の弱みを伝えたうえで強みをしっかりと述べるBさんがいた場合、どちらの話を信頼しますか？

あなたにもグッと堪えて欲しいのです。おすすめする代わりに、商品の弱点を暴露して欲しいのです。あなたが販売したい商品が高価なものであれば、「ちょっと高い○○なのですが…」キャッチコピーにあえて書いてみる。通常、弱点は隠しておきたいものです（図表22）。

〔図表22　商品の弱点をあえてキャッチコピーで伝えて
お客さまの心を摑んだキャッチコピー〕

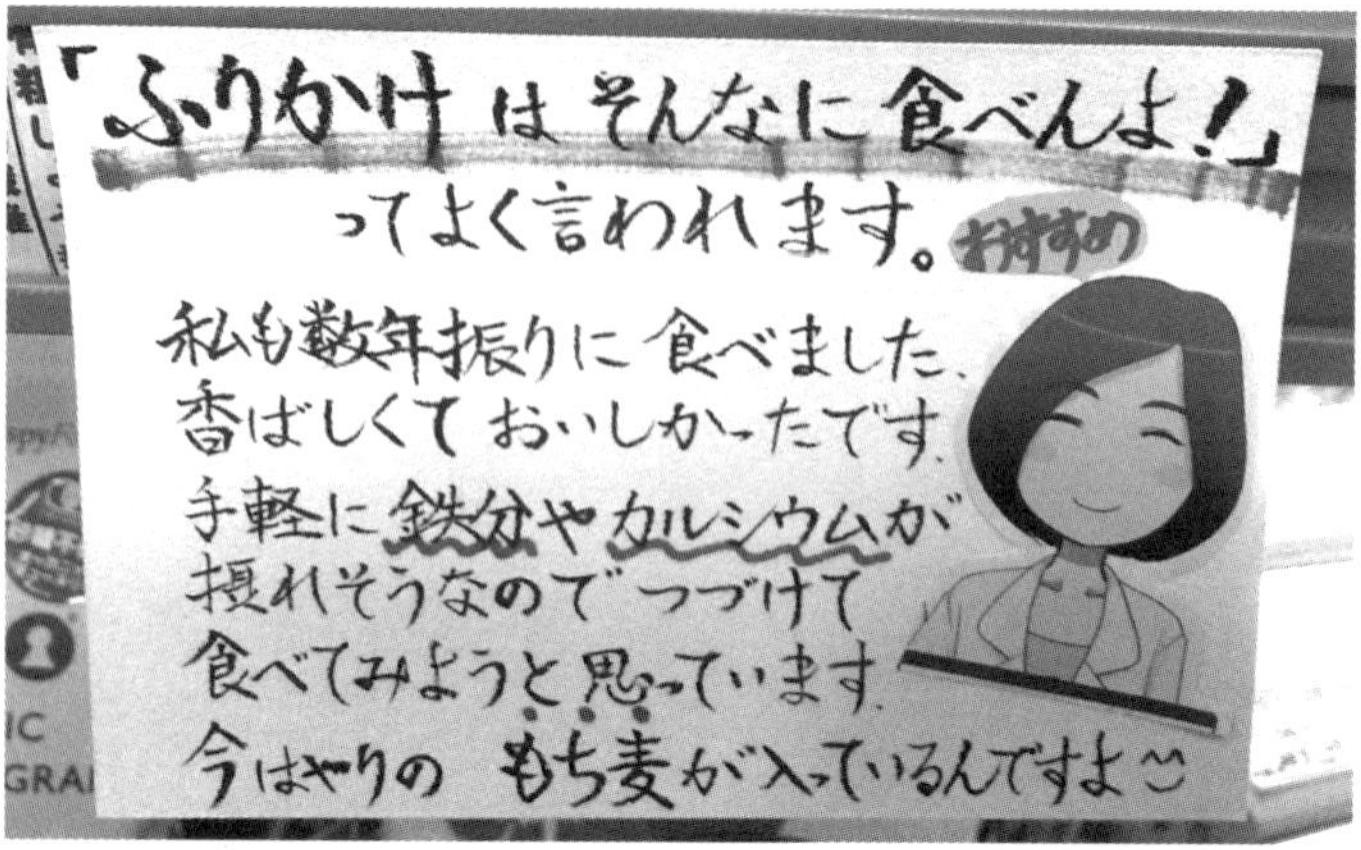

しかし、あえて暴露することで「正直なお店だな」とお客さまは感じ、お店（あなた）への信頼度を高めます。なぜなら、多くのお店はおすすめばかりだから。

弱点を伝えるメリットは、さらに、もう1つあります。

商品を売りたいからと言って、よいところばかりを伝えて販売すると、購入後、お客さまのクレームを引き起こしかねません。商品のデメリットを正直に伝えることで、購入後のお客さまの満足度も高まりやすくなりますし、何より隠し事がないので気持ちよく接客できるはずです。その姿勢は、お客さまへも伝わるはずです。

「気持ちよく売り、気持ちよく買っていただく」。ここが実現できれば、短期的な売上だけでなく、中長期的な繁盛につながるのではないか、と思っています。正直なお店を目指しましょう。

３　それって間違ってない？　ちょっと待って！　のヒント

●あなたの情報が武器になる

「ＰＯＰメッセージは長いと読まれない」。もしかすると、あなたもそう思われていたかもしれません。しかし、既にお伝えしたように、これは大きな誤解です。ＰＯＰのメッセージは、しっかりとポイントを押さえれば、長くても読まれますし、購入に直結する確率も高いです。

ご商売をしたり、販売現場に立つあなたは、何かしらの分野のプロフェッショナルです。どんな業種かはわかりませんが、扱う商品や分野の専門家であると言えます。「いえいえ、私なんて…」と思われるかもしれませんが、お客さまが知らない情報をたくさん知っているはずです。あなたしか知らない、その情報が大きな武器になるのです。

●お客さまが持つ誤った知識

以前、ブティックを経営するある会員さんから、こんな話を聞きました。「リネン（麻）素材の洋服は、一般的に夏に着るものと思われているけれど、オールシーズン着れるものもあるんですよ」。

私自身、リネン素材のシャツは夏に着ていたので、「リネン＝夏」のイメージが強く、意外に感じて記憶に残っています。

これこそ、お客さまが持つ間違ったイメージであり、専門家である会員さんの武器になる情報です。

実は、このようなお客さまが商品に対して持つ誤ったイメージと、専門家としてのあなたの情報をかけ合わせることで、化学反応が起こります。お客さまの興味を引きだし、セールスすることなく、高確率で売れる仕組みが完成します。

このようにお客さまが商品に対して持っている間違ったイメージに対して、キャッチコピーで知識を伝えることで、お客さまの好奇心を強く惹きつけることができます。

●お客さまから質問される流れをつくる

例えば、「リネン素材＝夏だけのモノなんて思っていませんか？」と訴えかけることで、以前の私のように、間違ったイメージを持っていたお客さまは、「えっ、そうじゃないの？」となり、情報をもっと知りたくなる。ＰＯＰに書かれた続きのメッセージを読む。メッセージを読んで、「なるほど、そうなんだ」と納得すれば、商品について、もっと知りたくなる。お客さまが店員さんに質問をする流れが生まれるのです。こうなれば、あなたはお客さまの質問に答えるだけで、かなりの確率で商品は売れていきます。

●ヒントを発見する魔法の言葉

接客をしていれば、お客さまが持っている間違ったイメージに気づくこともあるはずです。「実は、

〔図表23　お客さまの興味を引き出す３つのヒント〕

①　**間違ったイメージ**

「リネンの服＝夏の服」

②　**ご存知ですか？**

「リネンは夏だけの服ではありませんよ」

③　**実は…**

「リネンの種類によっては冬も暖かく着れますよ」

＝　**興味**

それは違いますよ」と伝えてあげるだけでよいのです。新しい情報を知ったお客さまは、あなたの話に耳を傾けてくれます。ＰＯＰを読んでくれるのです。

ポイントは、「ご存知ですか？　●●って、実は…」に当てはめて考えることです。

まず、お客さまが持つ間違ったイメージを発見する。そして、「ご存知ですか？」に続くメッセージでその誤りを指摘してあげます。「リネンは夏だけの服ではありませんよ」。その後は、「実は…」に続くメッセージで、正しい知識を伝えてあげます。「リネンの種類によっては、冬も暖かく着れますよ」。その理由も教えてあげると、メッセージをより信用してもらえます。

従来持っていた常識や概念を崩されると、バランスを元に戻したくなるのが人間です。そのために、新たな情報を収集して考えを再構築したくなるものです。

お客さまが商品に対して勘違いしていることはないか？　発見して伝えることは、お客さまの強い好奇心

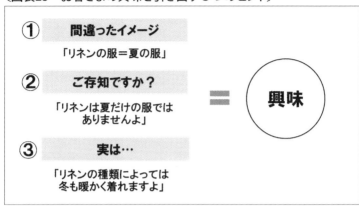

を刺激することにつながるはずです（図表23）。

4　もしも…がお好きなら〜百発百中「必殺トーク」のヒント

●百発百中の必殺トーク

30歳の頃、大阪の産直店で働いていました。正社員2名、売場面積30坪の小さなお店でしたので、商品である野菜のカットやパッキングの作業に始まり、売場への陳列、お客さまが多くなれば、レジの応援など、様々な業務をこなす必要がありました。

そんな中、レジでこの話をすれば、ほぼ百発百中で商品が売れる「必殺トーク」なるものを編み出すことができました。

ある日、レジをしているときに、「この方は、安心安全系がお好きな方だな」とか「新しい商品にアンテナを立てている方だな」など、お客さまの志向が見えるようになってきたのです。

そこで、「いい商品を選ばれていますね、実は、この商品は○○な方に人気の商品なんですよ…」と、お客さまの商品選択を褒めるようにしたのです。さらに、「この商品がお好きでしたら、○○の商品もきっと気に入られると思いますよ」別の商品をおすすめするようにしたのです。

すると、面白いものでお客さまは、「その商品って、どれですか？　どこに売っていますか？」ほぼ百発百中の確率で、私がおすすめした商品も一緒に購入してくれました。何人ものお客さまに

〔図表24 百発百中の『必殺トーク』のヒント〕

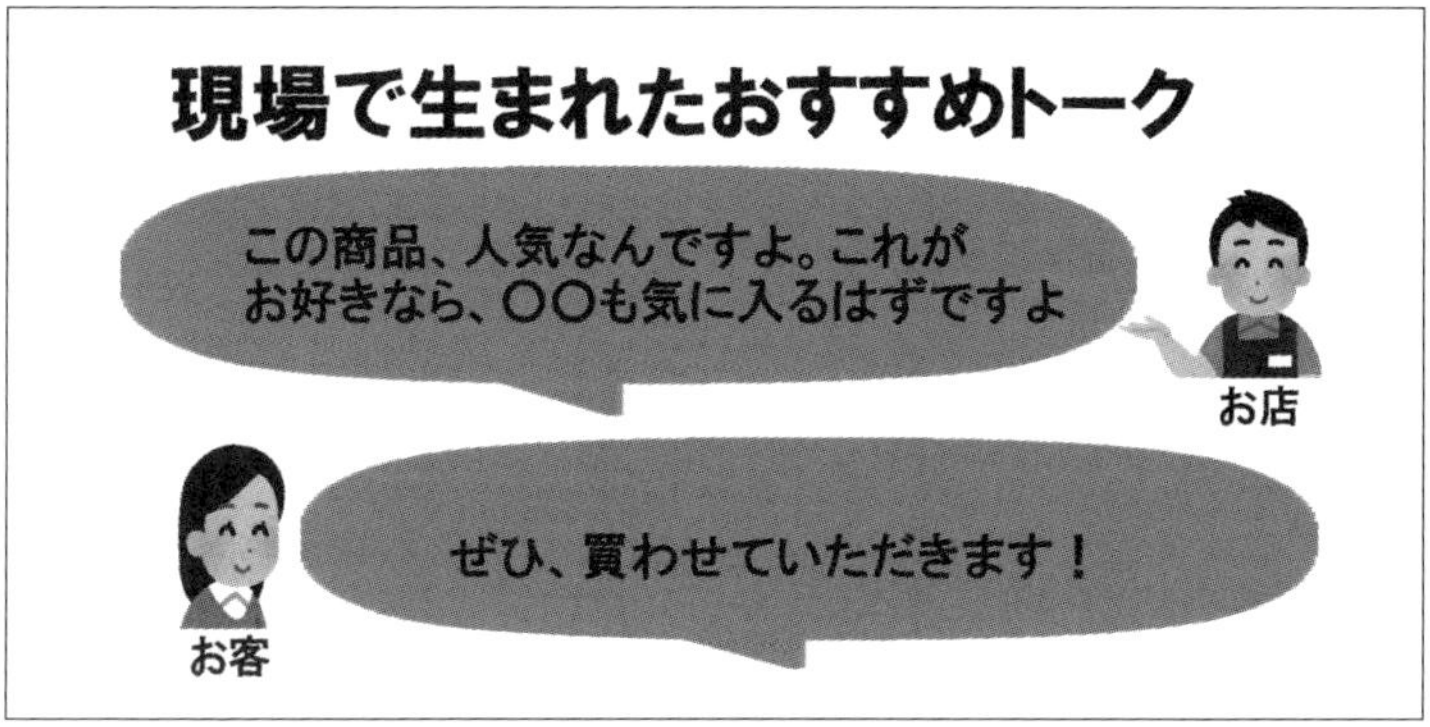

同じことを繰り返したところ、結果は全員同じ。おすすめされた商品を売場へ一目散に取りに行き、購入してくださっていました。

●お客さまの好みや志向を認めてあげる

さて、この話をＰＯＰにどう活かすのか？ ヒントは、お客さまの好みに合わせて商品を提案してあげることです。

私が産直店のレジで行っていたように、「この商品がお好きでしたら、〇〇もきっと気に入られると思いますよ」「もしも、あなたが甘党なら、この商品のファンになると思いますよ」といった形で、「もしも…なら、〇〇も気に入るはずですよ」とキャッチコピーに書いておすすめしてあげるのです。

なおその際、ＰＯＰメッセージの中で、お客さまの好みや志向を認めてあげると（〇〇の商品は人気で…、私も甘党なのですが…など）、効果はさらに高まります（図表24）。

現場で実証済みの百発百中の必殺トークを、ぜひＰＯＰに活かして商品を売りまくってください。

5　お客さまは秘密に弱い！　～実は…ここだけのヒント

●ＰＯＰでも活用できる必殺技

企業や自治体でセミナーをさせていただく機会も多いのですが、セミナーをする際にいつもあることに気を遣います。企業や自治体でセミナーをする場合、参加者の大半が初めてお会いする方々です。関係性ができていませんので、いつもはドッと盛り上がるようなネタでも、シーン…。講師1人で盛り上がっている…なんてことも、たまに起こります。

「いかに参加者さんを引き込めるか？」次第で、参加者の吸収力も違ってきますので、こちらも必死です。参加者の心を掴むために、私のほうでいくつかの必殺技を用意しています。ＰＯＰでも活用できるその1つをご紹介します。

●秘密ネタを暴露

先ほども話したように、セミナー参加者の反応はシビアで、盛り上がっていないときは、あからさまにわかります。

以前、ある大学校で講義をしているときに、「あっ、ヤバい」生徒たちが退屈している瞬間があったのです。そのとき、ある奥の手を使い、生徒たちの視線をこちらへ振り向かせ、その場の雰囲気を一変させることに成功しました。一体、何をやったのか？

ちなみに、その講義では、いかにして高価なトマトを売るか？　という話をしていました。生徒たちが退屈していたその瞬間、ある話を切り出しました。

生徒たちに、そのトマトの秘密ネタを暴露したのです。「実は、このトマトは…」トマトの裏話をしました。「実は…」と切り出した瞬間に、生徒たちが、ガっとこっちに集中。話の続きを待っているのが、ありありとわかりました。

●購買意欲を一気に上昇させるマジックワード

これは私がお客の立場でも時々経験するのですが、お店のほうから、「実は、この商品って…」普段聞けないような商品に関する裏話を聞けると、一気に興味が高まります。そして、秘密を知ると、「欲しい」という購買意欲が上昇します。試していただくと実感できると思いますが、「実は…」という言葉は、相手の興味を一気に高めることができる魔法の言葉です。

ただ、こんな話をすると、「商品の裏話とか秘話なんて知りません」と言いたくなるかもしれません。でも、何も難しく考える必要はありません。お客さまに話をしたら、喜ばれたり、驚かれたこと。あるいは、あなた自身がその情報を知って興味が湧いた話があると思うのです。その内容を、「実は…」の後に続けて、ＰＯＰのキャッチコピーに書いてみてください。

きっと、お客さまはあなたが書いたＰＯＰに釘付けになるはずです。ＰＯＰだけでなく、接客にも使えるマジックワード「実は…」フル活用してください。

6　具体的にいうと～数字のヒント

今回の話も一度は聞いたことのある内容かもしれません。しかし実際のところ、実践できているお店は少ないです。

今から話す、たった1つのことを意識するだけで、あなたのＰＯＰのメッセージの訴求力は2倍3倍に高まります。しかも実践はいたって簡単。初心者にでもできるノウハウです。

●〝たくさん〟の判断は人それぞれ

産直店で働いているときに、営業会議で、「売れているって、一体どれくらい売れているんだ、もっと具体的に数字で教えてくれ」上司から何度も言われたのを憶えています。

「たくさん売れています」と言われても、その〝たくさん〟は、人によって基準が全く違います。以前より10個多く売れていれば、たくさんと思う人もいれば、以前の販売量の倍以上売れてようやく、たくさんと感じる人もいます。言ってみれば、漠然とした表現なわけですよね。漠然としている限り、相手には響きにくいです。逆に、具体的に伝えれば伝えるほど、相手の心に突き刺さりや

〔図表25　数字を伝えると売れやすくなる〕

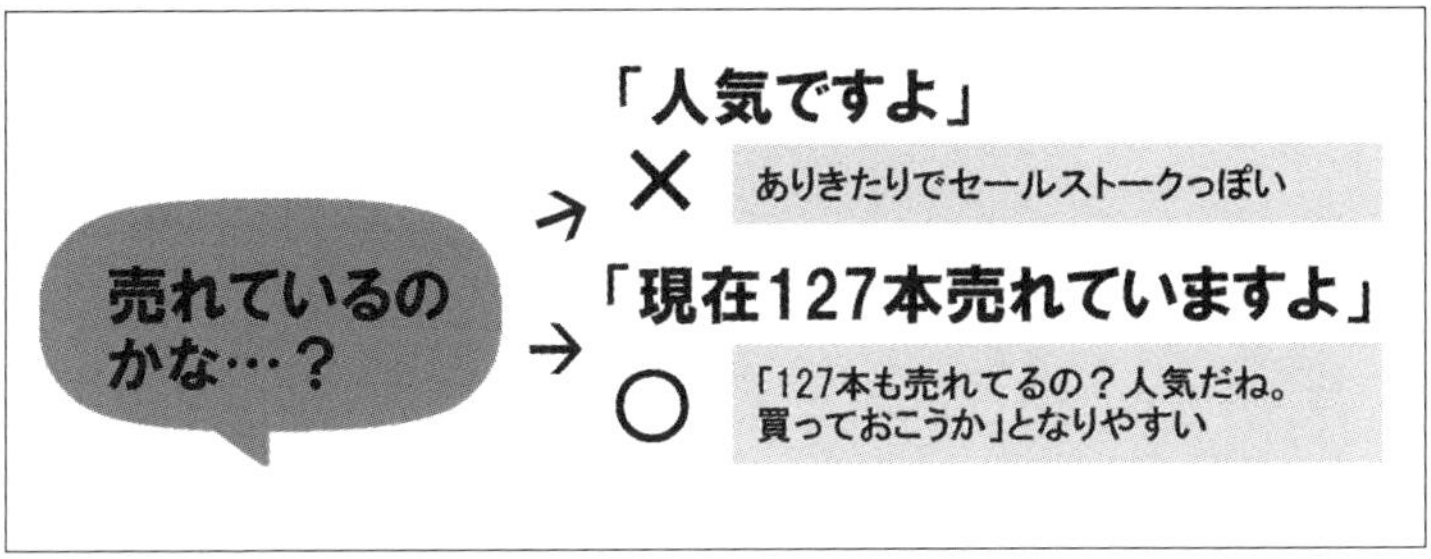

すくなります（図表25）。

●１週間で即完売した蜂蜜

次ページに紹介したＰＯＰ。贈答用の果物販売店で使われていたＰＯＰです。

「このＰＯＰを１週間設置したところ、２０００円のはちみつが10本即完売（プラス２本予約）。お客さまから〝この蜂蜜って、どれ？〟と聞かれ、〝こちらです〟と答えるだけで、一切売り込むことなく在庫すべてが売り切れました」と、お店の方から喜びのメールをいただきました。

「たくさん売れました」というご報告をいただくのも勿論嬉しいですが、この方のように、１週間、２０００円、10本、２本と数字で報告いただけると、より臨場感が伝わってきます（図表26）。

これは、お客さまでも同じではないでしょうか。「人気です」「売れています」「貴重です」「美味しいです」ＰＯＰやセールストークで頻繁に使われるフレーズです。これらの表現を、数字をつかって伝えることはできないでしょうか？

〔図表26　2000円のはちみつが１週間で在庫10本完売
（さらに２本予約）のＰＯＰ〕

「人気です↓何個売れているのか？」数字を出すことで、具体的になります。今あるＰＯＰメッセージを数字に置き換えて表現できないでしょうか？

7　あなたは使ってどうだった？　～体験談のヒント

●広告と思われた時点でアウト

もしかすると、あなたも経験があるのではないでしょうか？「どうせ何か売るために言ってるんでしょ」販売者側の魂胆のようなものが見えた途端、ゲンナリしてしまい、購買意欲が一気に冷めてしまったことが。

既にお話したように、販促物は「広告」と思われた時点でアウトです。商品を売りたいがためにＰＯＰを書いていると思われた時点で、あなたのメッセージはスルーされてしまいます。読んでもらえませんし、当然ながら商品も売れません。

●売れるセールスマンの共通点

これまでもお伝えしてきましたが、広告と思われないように商品をおすすめすることが、販売への近道です。本来であれば、こういった話をテクニックとして捉えるのではなく、自然とできるようになるのが理想です。

実際、売れるセールスマンは、「この商品を使えば、お客さまの悩みを解決できる」心からお客さまのことを考えています。だから、広告のように一方的に売り込むのではなく、話す内容にも説得力が出て、メッセージが相手の心に届くのだと思います。

本書は、あなたに売れるPOPを書いてもらうことが目的です。ですので、具体的にどうすれば広告と思われないメッセージがつくれるのか、さりげなく、商品をおすすめできるのか、ずばりお伝えします。

●あなたの体験談で売る

例えば、あなたが普段から愛用している品物はありますか？　私の場合であれば、トランポリン。自宅の部屋に室内用トランポリンを置いています。仕事の合間に、休憩がてらピョンピョン跳ねています。「臼井さん、トランポリンって…一体何の話ですか？」と思われるかもしれません。ただ、これが結構ハマってて。トランポリンをやり始めてから、「臼井さん、痩せたんじゃないですか？」と言われる機会が増えました。1日5分ピョンピョンするだけで、体がスリムになっている気がするのです。こんな話を知人に話していたら、実際に何人かがトランポリンを購入しました。

要は、何が言いたいのかというと、商品に対するあなたの体験談をPOPに書くのです。「これが家に来てから体重が7キロ落ちました」キャッチコピーに書くのです。「これを母の日にプレゼントしたら泣いて喜んでくれました」。何でもOKです、商品に関するあなたの過去の体験談を伝えてみてください。あなたがよいと思った商品であれば、「この商品よかったよ」言葉に説得力が生まれます。これほど違和感なく、お客さまに受け入れられるおすすめ法はありません。

体験談を伝える、シンプルですが威力は絶大です。

8　価値を上げるには〜希少性のヒント

●行列をつくってでも欲しかった玩具

私が小学生の頃、ガンダムというアニメが大流行していました。そのガンダムのキャラクターグッズが色々と発売されていたのですが、特に人気だったのが、プラモデルです。

今でも忘れないのが、小学3年生のときのこと。兄と一緒に、開店前の近所のスーパーに朝7時から並んで、プラモデルを買ったことです。たった1つのプラモデルを買うために、スーパーの開店2時間前から並ぶ。私たち兄弟以外にも、何十人もの小中学生（中には大人も）が行列をつくっていました。一体なぜ、早起きしてまで兄と並んだのか？

答えはシンプルで、「手に入りにくい」プラモデルが欲しかったからです。

人間は、手に入りにくいものほど欲しくなる習性がありますよね。小学生の頃の私たち兄弟もまさに、それでした。

ガンダムには、様々なキャラクターのプラモデルがあり、簡単に手に入るもの。滅多にお目にかかれない希少性の高いプラモデルもありました。私たち兄弟は、「この種類は手に入りにくい」という希少性の高いプラモデルを手に入れるために、早朝からスーパーに行列をつくっていたのです。この他にも同じようなことはありました。

私たちが子供の頃には、ドラゴンクエストというTVゲームの人気ソフトがあり、これがなかなか手に入らない。おもちゃ屋さんで行列をつくって買ったものです。これも、「手に入りにくい」という状況が、私たち子供の欲求を掻き立てていたのだと思います。

●価格競争とは無縁の世界

世界中に1枚しかないと知るから、ピカソの絵は人気なのです。世界に3台しか走っていないフェラーリだからこそ、希少なのです。あなたがおすすめしたい商品に、希少性を付け加えることはできませんか？

「世界にいくつ…」のように大げさでなくても、「今月は、この5本しか仕入ができませんでした」、「今シーズンは、これが最後です」、「来年まで入荷がありません」…など、何でも結構です。切り口を変えることで、あなたの商品の希少性を発見できるはずです。私が働いていた産直店では、「次の水曜日にならないと入荷しません」と伝えただけで、スイカに行列ができました（図表27）。

希少性は、あなたの商品の価値を高める最強の方法と言えます。価値が上がれば、価格競争とは無縁の世界に入れます。行列をつくって購入したいお客さまが現れます。開店2時間前から並ぶ、

〔図表27　たったこの一文が、お客さまの購買意欲を刺激〕

私たち兄弟のような熱狂的なファンも生まれます。

9　お客さまは何も知らないとすると～質問のヒント

●コミュニケーション上手は、○○上手な人

あなたは、人とコミュニケーションをとるのは、得意ですか？　それとも、苦手ですか？

コミュニケーション上手な人を見ていると、「自分は人とコミュニケーションを取るのが苦手だし…」「面白い話もできないし…」と思われるかもしれません。しかし多くの方が、コミュニケーションに関して誤解しています。

「コミュニケーション上手＝話が上手い人」の印象がありますが、決してそうではありません。あるスキルを磨くだけで、誰でも明日から、コミュニケーションの達人になれます。たった1つをマスターすれば、あなたの周囲に人が集まり、お客さまとの会話もガンガン盛り上がります。

●人気者の意外な共通点

人とコミュニケーションをとるうえで重要なのは、笑いの才能でもネタをいくつ持っているかでもありません。勿論それらは持っていれば役に立ちますが、それより大切なのは、「質問スキル」。質問上手になれば、お客さまとの会話も盛り上がります。あなたがおすすめした商品も購入しても

らいやすくなります。

なぜなら多くの人は、自分に興味を持ってくれる人がいると嬉しいですし、自分について質問されると、つい嬉しくなって余計なことまで話してしまう。自分に興味を持ってくれる人に好感を抱きやすいはずです。多くの人が持つ、この人間心理をPOPに活かさない手はありません。

●キャッチコピーの神髄

例えば、「歯磨きは食前と食後、どちらにされてますか？」こんなPOPを薬局で見かけると、「食後にしているけど、よくないのかな？」つい立ち止まって、続きを読んでしまいます。「あなたは甘党派ですか？　辛党派？」こんなPOPをスーパーで見かけると、「甘党だけど、それが？」つい心で呟き、売場に立ち止まってしまいます。

キャッチコピーとは、メッセージを読んでもらうために存在します。商品をすすめることが目的ではありません。そこでPOPに書いた次のメッセージを読んでもらうために、「質問」をするのです。質問されたお客さまは、無視できません。自分に関連する質問であれば、つい立ち止まり、メッセージの続きを読みたくなる。ですので、私たち販売者側は、メッセージの中でおすすめをすればいいのです。キャッチコピーで質問することで、お客さまの足を留める。足を留めたお客さまに、メッセージで商品をおすすめする。POPコミュニケーションが上手い人は、この分業化ができています。そして、商品を売るのも上手いのです。

10　これで苦手意識を払拭～分身のヒント

●なぜ、キャッチコピーが浮かばないのか?

ここまで、「売れるひと言を見出す10のポイント」ということで、キャッチコピーを生み出すヒントをお伝えしてきました。いかがでしょうか？　キャッチコピーに対する苦手意識は払拭できましたか？

もしも、未だに「キャッチコピーが大事なのはわかっているけど、何を書いてよいのか浮かばない…」と感じられているとすれば、それにはある1つの理由があります。その理由を知りさえすれば、キャッチコピーへの苦手意識は吹き飛びますし、どんどん量産可能になるはずです。

●キャッチコピー最大の目的とは

既にお伝えしたように、ＰＯＰは、あなたの代役です。あなたがセールスする代わりに、ＰＯＰが商品の販売をしてくれるのです。「ＰＯＰ＝あなたの分身」、このことを知らなかったり、つい忘れてしまうために、「キャッチコピーが浮かばない…」という悩みを抱えてしまうのです。

ここでお伝えしたいポイントは、ＰＯＰとあなたを切り離して考えないことです。「ＰＯＰに何を書こう?」と考えるのではなく、「自分なら、何と言うのだろう?」自分に置き換えて考えるこ

〔図表28　思わずスタッフさんも調子に乗ってしまうほど反響の出たＰＯＰ〕

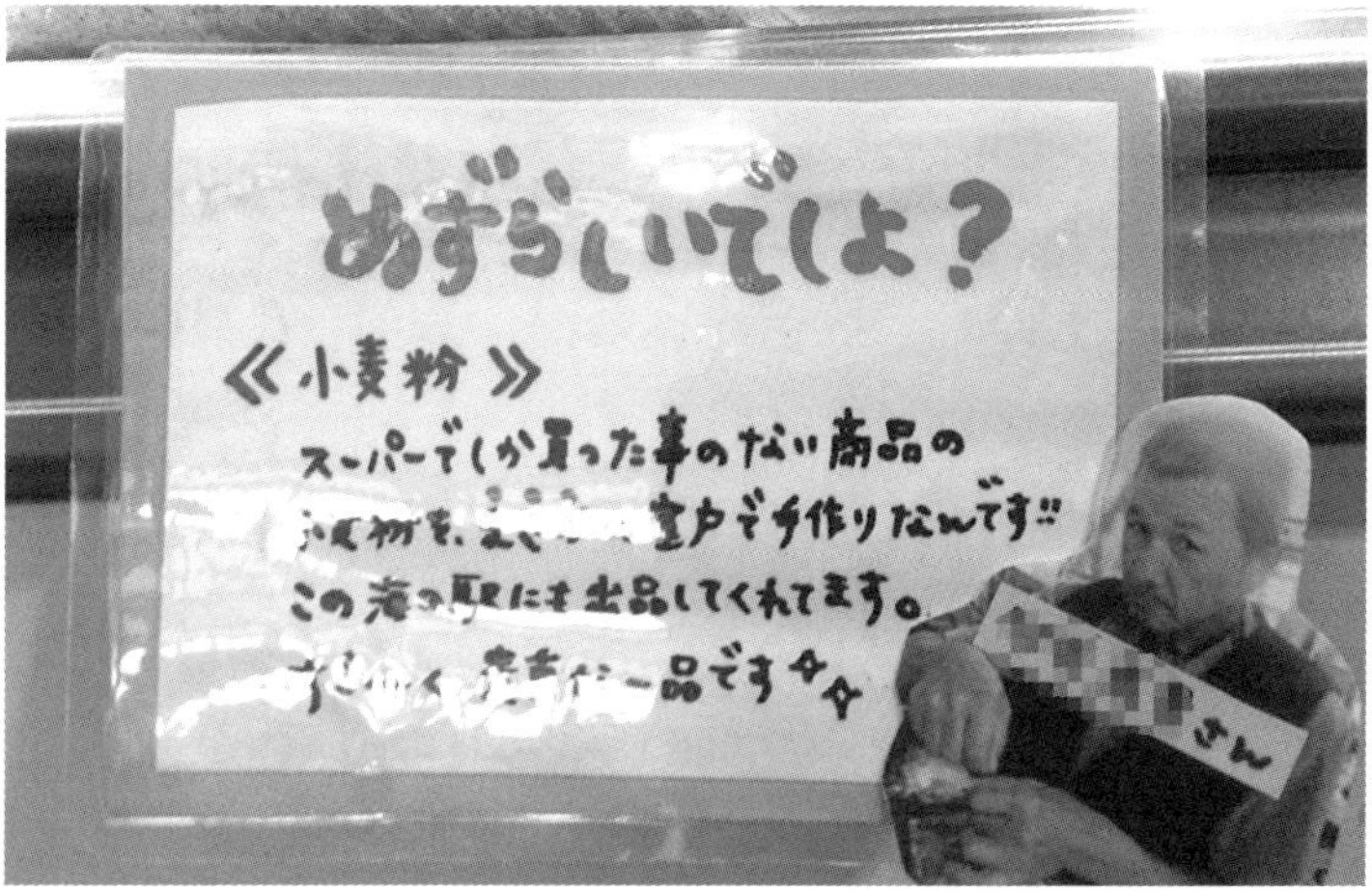

とが壁を乗り越えるカギとなります。

●ＰＯＰ＝あなたの分身

図表28のＰＯＰをご覧いただけますか。地元の生産者がつくった小麦粉を売るためにお店のスタッフさんが書いたＰＯＰです。

このＰＯＰを設置後、１週間も経たないうちに小麦粉は完売してしまいました。あまりの反応のよさに、「思わず調子に乗ってＰＯＰを量産してしまいました」とスタッフさん自身が驚いてしまいました。

ちなみに、このＰＯＰのキャッチコピー「めずらしいでしょ？」はどうやって考えついたのか？

答えは簡単で、その商品を手に持ってお客さまを目の前にしたら、何と声をかけるのかを考えてもらったのです。

●ステップ①

小麦粉を左手に持つ。あなたも売りたい商品を左手（もしくは右手）に持ってください。

●ステップ②

目の前にお客さまがいます。さぁ、何と声をかけるのか？　スタッフさんから出てきた答えは、「めずらしいでしょ？」というひと言でした。あなたなら何と声をかけますか？

販売したい商品がモノではなくサービスの場合でも同じです。

サービスを紹介したチラシを持っているイメージで、目の前のお客さまに何と声をかけるのか？考えてみてください。

●テクニックより、あなたの言葉

繰り返しになりますが、ＰＯＰはあなたの分身です。

あなたの代わりに、お客さまに話かけてくれる存在です。「自分なら何と声をかけるのか？」あなたが話す言葉をそのままＰＯＰに書き写すイメージです。この意識さえ忘れなければ、言葉に詰まることはなくなるのではないでしょうか。

「目を引く言葉は何だろう？」「インパクトのあるキャッチコピーって？」テクニックに走るのではなく、あなたの言葉で伝えてみてください。

第7章

効果倍増
3つのヒント&
最後の一押し
7つの事例

1　継続のカギは○○！　モチベーションを持続する方法

●POPを実践する上での壁

ＰＯＰを実践する上での壁は、いくつかあります。中でも多くのお店が躓くのが、継続の壁です。例えば、セミナーに参加する。講座を受講する。あるいは本書を読む。「よーし、うちのお店でもＰＯＰをやってみよう」と気合いが入る。しかし1か月もすると、そのモチベーションはどこへ…。どうしても日常業務が優先となってしまう。これはＰＯＰに限らず、新しいことを始めるにあたって、ぶつかる壁の1つかもしれません。

そこで今回は、嫌でもＰＯＰを継続したくなるコツをお伝えします。本書を読んで、上がったモチベーションを持続する方法です。ある意味、習慣化のコツですので、ＰＯＰに限らず、あなたが新しいことを始める際に役立つと思います。

●モチベーションを持続させる特効薬

あなたが本書でＰＯＰを学び、「うちもＰＯＰをやって稼ぐぞ」とモチベーションが上がったとします。この場合、ＰＯＰをやって売上が上がる、おすすめ商品の販売量が増える、どんなことでもいいので、「結果」を体感することが継続のパワーとなります。「よしっ、売上が上がってるぞ」

〔図表29　ＰＯＰの継続に必要なこと〕

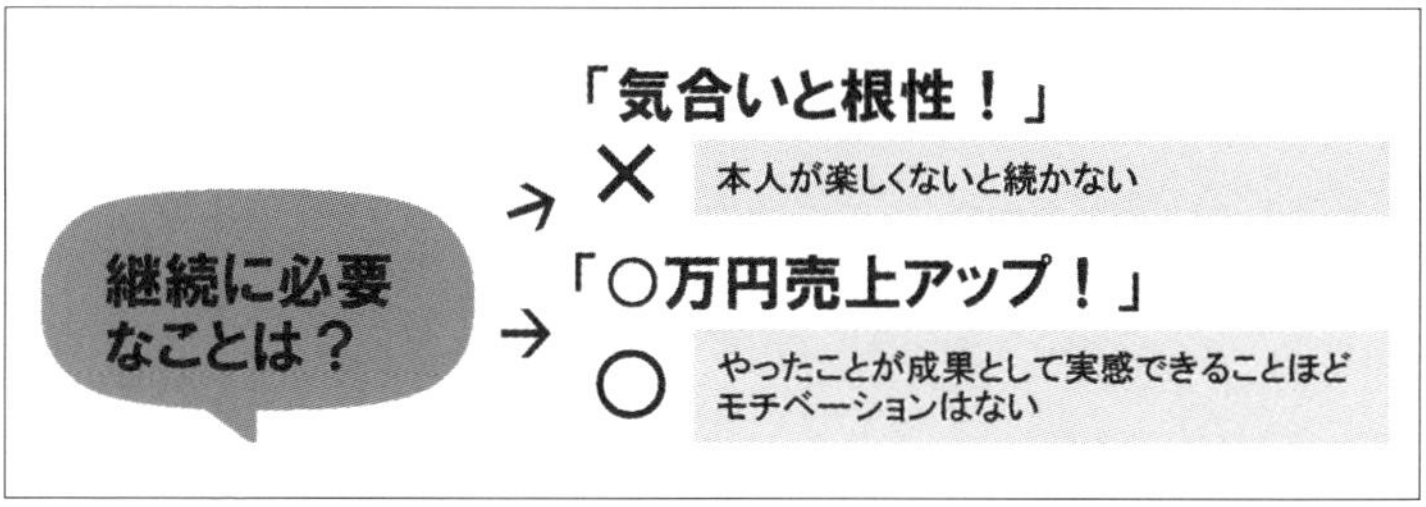

と思うと、ヤル気も出てきます。

●数値がヤル気を引き起こす

ちなみに結果を体感する際のポイントが１つあります。それは「数値化」です。

例えば、ダイエットをし始めた時期に、体重計に乗って体重が減っていたらヤル気が出ますよね。「今のまま続けよう」と思えるはずです。ＰＯＰも同様で「前月より○○個多く売れた」「○万円、売上が上がっている」、あなたがＰＯＰを書いた成果を体感できると、継続しようというモチベーションが上がります。

これは、従業員さんのモチベーションを持続する際にも役立ちます。

ＰＯＰを実践し始めたら可能な限り、数字で結果を確かめるようにしてください。「やれば結果につながるんだ」実感できることほど、ヤル気を引き出すトリガーはありません。このひと手間が継続を生み出します（図表29）。

継続なくして、成果は掴めません。継続のカギは、数値化にあり。

あなたのお店の持続的な売上アップにつながりますので、強くおすすめします。

2　売れるＰＯＰかどうか、一発で見極める、ある質問

●このＰＯＰで商品は売れるのか？

あなたのＰＯＰが売れるＰＯＰかどうか？　この方法でチェックすれば、ほぼ99％の確率で、あなたのＰＯＰが売上に直結するのか？　はたまた、お客さまにスルーされるＰＯＰなのか？　一瞬で判断できます。

また逆に言うと、どんなメッセージを書けばいいのか？　お客さまにどんな話をすれば、喜んでいただけるのか？　商品の購入につながるのか？　ヒント発見することができます。

「さっぱりとしたクリームの甘さとイチゴの甘酸っぱさのバランスが絶妙です　イチゴショート４５０円」ある洋菓子店のショートケーキのＰＯＰに、このメッセージが書かれていたとします。

このメッセージをまた別の洋菓子店のイチゴショートのＰＯＰとして使ったら問題ありそうですか？　このままＰＯＰを持って行き、仮に値段が同じイチゴショートに並べたら？

おそらくこのメッセージは、イチゴショートを販売するお店なら、値段さえ書き換えれば、どこでも使えると思います。あなたが書いたＰＯＰメッセージ、もしもその内容が他店でそのまま（商品名や価格などを書き替えて）使えるとしたら、実はそれが大問題なのです。

●究極の質問

他店でも使えるメッセージということは、イコールありきたりであると言えます。お客さまがＰＯＰを見たときに、ありきたりなメッセージに心を動かすでしょうか？　以前にも他のお店で見たことのあるようなメッセージを読んで、商品を買いたいと思うでしょうか？

あなたがＰＯＰを書いたときに、果たしてこのメッセージでいいのか？　不安になるかもしれません。その際は、次の質問を投げかけてください。

「商品名や店名、価格を書き換えたら、このメッセージは他店でも使えるだろうか？」

もしも、他店でも使えそうなＰＯＰであれば、恐らくそのＰＯＰでは商品は売れにくいです。

では、ありきたりなメッセージから脱却するには、どうすればいいか？　あなたのお店でしか使えないＰＯＰにするにはどうすればいいか？

その１つの方法が、これまでお伝えしてきたように『人』を伝えることです。あなたの存在感を伝えるＰＯＰにすることです。その商品を使って（食べて）、あなたはどう思ったのか？　あなたの経験談や意見、感想などを伝えることです。そうすることで、メッセージにあなたらしさが表れ、他店では使えないＰＯＰになるはずです。

あなたのお店でしか使えないＰＯＰを目指してください。どこかでみたことのあるような、ありきたりなメッセージでは、ＰＯＰに気づいてもスルーされてしまうでしょう。お客さまの心を動かすことはできません。

3 【POP＝自信を掴む】最高のメソッド

●自分の意見を持つ

おかげ様で大学や専門学校、高校などでも講義をさせていただいています。これから社会で活躍する生徒たちと一緒にPOPをテーマに、販売やコミュニケーションを学びながら常々意識することがあります。

それは、「自分の意見を持つ」ということです。

世の中の多くのことには、正解なんてない。人それぞれ感じ方は違いますし、よいと感じる部分も違います。人により感性は様々です。そんな中、自分が考えたことや感じた意見を大切にして欲しい。自分の意見に自信を持てる人間になって欲しい、と感じています。

●あなたの話に耳を傾けてもらえる瞬間

20代、フラフラ転職を繰り返して、何をやっても継続できない、何をやりたいかもわからない軸のない自分に、自信が持てませんでした。絶えず周囲の目を気にしながら過ごしていました。そんな日々を送る中、ある経験を境に人生が変わり始めました。

20代後半から30代にかけて働いた大阪の、正社員2名、売場面積30坪の小さな産直店。お客さまとの距離が非常に近く、商品を買うだけでなく、店員とのコミュニケーションを求めて来店される方も多かったお店です。

日々、お客さまとやり取りをしながら、自分が美味しいと感じる生産者の野菜をおすすめしたときに、耳を傾けてくれる。おすすめした商品を買ってくれる。「こんな俺の話を信用し、興味を持って聞いてくれるんだ」、今までに味わったことのない充実感を感じた瞬間でした。

●正解なんて存在しない

ＰＯＰは、無言のセールスマン。あなたの代役として、商品をおすすめしてくれます。ただ、忘れないでいただきたいのは、ＰＯＰは、あなたの意見をお客さまに伝えるツールであるということです。ＰＯＰの中に、あなたの意見が書かれていなければ、当然お客さまの心には響きません。どれだけ綺麗な字で、耳障りのよいメッセージを書いても、そこにあなたの心がなければ、お客さまの心を動かすことはできません。

自分の意見を伝える怖さもあると思います。「こんなことを言って、お客さまはどう思うだろう…」。その気持ちは痛いほど、よくわかります。なぜなら、私も昔はそう思っていたからです。ただ一方で「自分の話を信用し、商品を買ってもらえた」。自分の意見を受け入れてもらえる喜びは自信に変わります。

商品のおすすめの仕方に正解はありません。商品に対しての感じ方は、人によって様々です。「あなたがどう感じたのか？」」。POPを通じて、お客さまに伝える。これは、POPで商品を売る極意でもあり、自信を掴むことができる最高の方法です。

4　事例①年商800万円アップを実現！　店舗シアター化大作戦

●道の駅の事例

冒頭でもご紹介した、1年間で年商800万円アップした、ある道の駅の事例です。今から話す取り組みは、経費をかけずに今すぐ実践できる方法です。しかも、持続的な取り組みのため、単発ではなく年間を通じて売上アップが実現します。

さらに、この取り組みを行うことで、現場スタッフがワクワクしながら率先して業務に取り組むようになる、「業績」と『スタッフのモチベーション』を同時に上げる夢のような取り組みでもあります。

そして、その取り組みの中心にあったのが、今回お伝えする『店舗シアター化大作戦』です。

●店舗シアター化大作戦～その①　ステージの設置

店舗シアター化人作戦!?「臼井さん、何言ってるの？」と思われたかもしれません。これは、あなたのお店を劇場（シアター）と捉えた取り組みです。さらに、あなたには、演劇を盛り上げるために監督になっていただきたいのです。

【お店】＝【劇場（シアター）】・【あなた】＝【監督】

そして今から演劇に必要な次の3つ、①ステージ②主人公③演出、を順に決めていきます。

まず、監督（道の駅の支配人さん）と行ったことは、『ステージ』の設置です。ちなみに、ここで言うステージとは売場です。お店の1番目立つ売場（一等地売場と呼びます）に、ステージを設置しました。

ちなみに一等地売場とは、お客さまの目が留まりやすく、最も売れる売場のことを言います。あなたのお店にも、ここに商品を置くと何でも売れるというコーナーがあると思うのです。そこを一等地売場にします（詳しくは、拙著『売れる売場づくりハンドブック』に記載）。

この道の駅では、お店に入ってすぐ左右の売場を一等地売場に設定しました。

●店舗シアター化大作戦〜その②　主人公の選定

続いて行ったことは、主人公の選定です。主人公とは、今その時期に重点的に販売したいおすすめ商品です。その重点販売商品を先ほど設定した一等地売場で販売していきます。なお、一等地売場はスペース的にも広い場合が多く、その際は、ボリューム（かさ）のある商品のほうが陳列しやすくなります。さらに、ボリューム感があることにより、お客さまへの訴求力も高まります。

例えば、こちらの道の駅の一等地売場は、入口はいってすぐ左右の売場です。イメージしていただくと分かるように、入口はいってすぐの売場に細々とした商品が並べられていると、目立たず、お客さまへのアピール度は弱いですよね。そのため、お客さまの購買意欲を刺激しづらいです。

私が30歳の頃に働いていた産直店で、「入口はお店の顔やで。その顔になる売場が弱々しかったら、お客さまは二度と来てくれへんで」社長からもらった言葉を今でも忘れません。要は、入口を入ってすぐの売場にポツポツ商品を並べて売っていたら、お店に力を感じない。力を感じない売場は、商品に鮮度を感じない。お客さまはそんなお店で購入したいと思わないというわけです。

●店舗シアター化大作戦～その③　演出

重点販売商品を一等地売場で売る。その際に、ただ主人公（商品）を登場させる（並べる）だけでは、舞台の盛り上がりに欠けます。ここで監督である、あなたの出番です。一等地売場で商品を陳列する際に、お客さまの購買意欲を刺激する演出を行います。

本書はPOPをテーマにしているので、売場づくりについては詳しくは述べませんが、ここまで学んだPOPノウハウを活用するだけでも演出力は大幅にアップします。

●年商800万円アップの秘密

前述の道の駅では、主人公（商品）と演出を変えて、約2か月ごとにお客さまにアピールしています。その際、お店のイベント企画などと上手く関連づけることにより、飽きの来ないお店づくり

〔図表30　従業員さんがつくった一等地売場〕

〔図表31　従業員さんが率先的に取り組むＰＯＰ〕

を行っています。定期的にマスコミにプレスリリースし、年に数回はテレビ局や地元新聞にも取り上げてもらっており、商品単体の販売だけでなく、結果的に集客にもつながっています。

ＰＯＰを売場に設置するだけでも、効果は出ます。しかし、売場と連動させる、お店の企画に合わせた売場提案を行うことで、いくつもの副次効果が生まれます。

売場づくりが得意な従業員さん、ＰＯＰを書くのが好きな従業員さん、企画アイデアをどんどん生み出す従業員さんなど、各々の得意分野を活かし、お店のメンバーが連携しながら取り組むことで、スタッフのモチベーションアップにも直結します（図表30、31）。

ぜひ、あなたのお店でも店舗シアター化大作戦、取り入れてみてはいかがでしょうか。

5　事例②中身を見せて前年比売上４００％

●たった1枚のＰＯＰだけで結果が出た！

ＰＯＰを1枚貼っただけで、その商品の売上が前年比４００％を超えたお店の事例をご紹介します。そのお店には、月に1回訪問しているのですが、取り組みを行った翌月にお店の方から売上数字を聞いたとき、正直驚いてしまいました。

たった1枚のＰＯＰだけで、これだけの結果が出るとは、あらためてＰＯＰの威力を実感した瞬間でした。

このように、わずか1枚のＰＯＰで状況は一変します。今までの売上が嘘のように突然、爆発的に売れ出すのです。

●「オリジナル商品を売りたい」

「自社のオリジナル商品をもっと売りたい」これが、まずいただいた相談でした。そのお店では、商品を仕入れるだけでなく、自社工場を持ち、オリジナル商品の開発もしていました。

お客さまは、どこでも買えるものではなく、そのお店ならではのオンリーワン商品を買いたいと思っています。お店からすれば、仕入商品に比べ利益率も高く、何としても売っていきたい商品ですし、オリジナル商品は、お店にとっては強いウリになります。

そこでまず取り組んだのが、そのお店のオリジナル商品の1つである、ロールケーキの売上アップ大作戦です。早速、売場を見させてもらいました。

●売上４００％達成した舞台裏

単価的には１０００円ちょっとのその商品。箱に入って冷凍ケースの中に陳列されていました。ここで、ある1つの感情が湧いてきました。「実物が見えないけど、どんなケーキなんだろう…」そんなふうに感じたのです。

そのとき、陳列ケースには、小さな写真が貼られていたのですが、内容が確認しづらい。そこで

〔図表32　このＰＯＰで前年比４００％達成〕

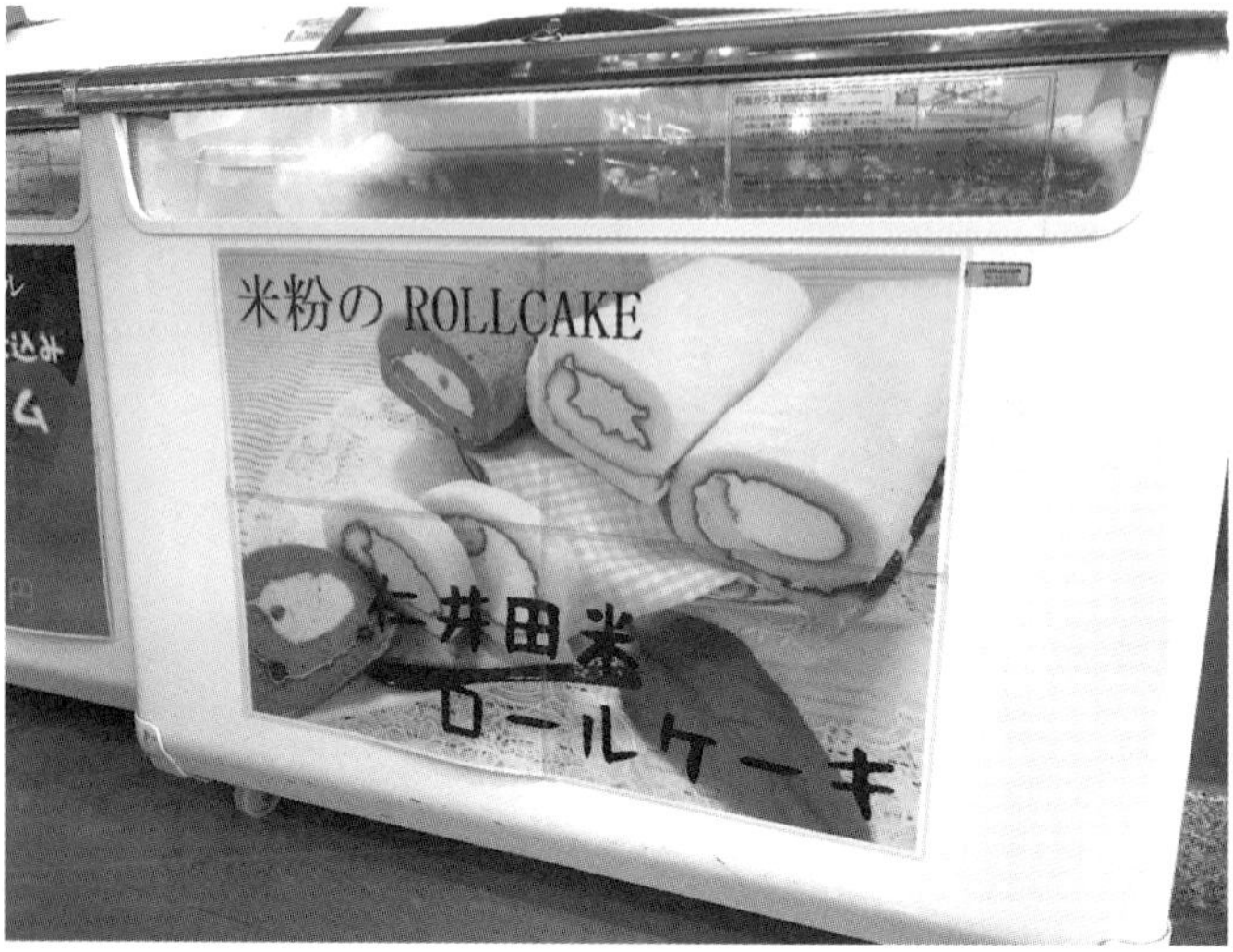

担当の方に、ロールケーキをお皿に盛り付けた写真を撮ってもらいました。

ただ、どんなふうに撮影をすればいいのかわからず不安なようでしたので、インターネットで「ロールケーキ」の画像を検索してもらい、「これ、美味しそう、食べたいな」と思う写真を真似して撮影してもらいました。そして、お店で印刷できる最大のサイズにプリントしてもらい、ＰＯＰとして貼ってもらいました（図表32）。

バニラやお茶など3種類の中で一番売れた商品は、前年比売上の４００％以上。売上幅の少なかった商品でも、前年比の２００％を超える結果となりました。

今回の事例から学べること。それは、商品の中身を見せる。あまりにも当たり前過ぎる話ですが、意外とできていないお店が多く、これだけでもお客さまの購買意欲を刺激することができます。写真を撮ってＰＯＰにする。たったこれだけで、売上はアップするという事例です。

もしも、よいメッセージが思い付かないのなら、商品の中身を魅力的に見せる。たったこれだけでも売上が上がる可能性があります。

6　事例③初月から倍々ゲームで売上を伸ばす自宅サロン

●喜びの成果報告

ここでは、ＰＯＰ実践者の方からいただいたメッセージをご紹介します。ＰＯＰ講座を受講された自宅サロンの女性オーナーさんからです。

（前略）このＰＯＰってコツがありますね!!　私も多くの方と同じようにＰＯＰをつくろうとしていました。伝え方・書き方のコツには「なるほど～」と思いました。よくある「この部分がすぐれているからオススメです！」ではないんですね。

でも、このＰＯＰができてからも「ＰＯＰは書けたが、さてさて効果のほどは？」とまだ疑っていました。ですが、ＰＯＰの効果は出ました！　出ました！　ＰＯＰを付けたことにより上がった売上は

1月目（月半ばからの実践）￥63，818円売上増、2月目￥112，850円売上増

私は自宅でエステサロンをしているので、この数字はかなり大きいですよ。ＰＯＰ自体を疑っていたので、嬉しく、そして驚きの結果です。

そして、何よりよかったな…と思うのが、売り込みにならない書き方を教わったので、お客様に「この人、また営業かけてきた～」って思われなくて済みます。ＰＯＰで気になる人は自ら声をかけてくれ、それに私が少し説明をするだけでＯＫなのです。

店舗にいた時代に、嫌な顔をされても売らなければいけない！　って状況と大違いです。お客様のほうから、「コレ何？　あれはどうですか？」と聞いてきてくださいます。販売までの時間短縮にもなって、すごい効果だと思います。ありがとうございました。

というメッセージをいただきました。

●人間は習慣の生き物

こちらの方のように「以前からＰＯＰを学んでいたけど結果が出ていなかった。だけど、臼井の講座で学んだことで売上が伸びた」と言ってくださる方はたくさんいらっしゃいます。有難く感じるとともに、その理由はどこにあるのか、よく考えます。

ＰＯＰを学んでいるのに結果が出ない理由。それは、学ぶＰＯＰの質の違いだと思っています。もしも今、あなたが今ＰＯＰを書いているのに商品が売れない。お客さまにスルーされているとすれば、今までと違う切り口でメッセージを伝えたほうがよいと思います。

私たち人間は習慣の生き物です。新しいことをしようとしても、無意識に今に留まろうとします。例えばセミナーに参加された方の中でも、学んだ内容をPOPに即取り入れる方がいる一方、学んだにもかかわらず以前のやり方に戻ってしまう方もいます。

新しいことにチャレンジするのは、どうしても怖いですし、勇気がいります。慣れ親しんだやり方は、抵抗感も少ないです。でも、新しく結果を掴みたければ、何かを変える必要があります。

●新しい世界が待っている

ご紹介した自宅サロンの女性は、学んだ内容のPOPを実践したことで、新しい結果を掴まれました。勤めていた店舗時代と違い、こちらからグイグイおすすめしなくても、お客さまのほうから声をかけてくれ、少し説明をするだけで商品が売れる。こんな新しい世界を体験されています。

成果を上げる人は、例外なく今までのやり方や世界から抜け出し、新しいチャレンジをされています。商売の世界に、現状維持はない。…上がるか？　…下がるか？　どちらかだと思っています。マンネリ化したり、何も行動せずいると売上は減少していきます。色んなアイデアを出して試行錯誤しながら動き続けて、ようやく現状がキープできる。起業してからもそうですが、会社員時代から実感しています。

まずは、勇気を持って新しい一歩を踏み出してください。そこには新しい結果が待っています。ぜひ、新たなステージへ飛び立つ勇気を持って進みましょう。

7　事例④サービス業必見！ 物販が飛ぶように売れる究極のＰＯＰ活用術

●ＰＯＰの醍醐味

ＰＯＰの醍醐味は、押し売りが不要になることです。あなたがゴリゴリ売り込まなくても、お客さまの方から「〇〇をください」と言ってもらえるようになることです。

商品を販売しようと思えば、お客さまに何らかのアプローチをしなければなりません。売り込まなくてもいいと言いながら、ただボケっと立っていて商品が売れる、なんてことはありません。ここは誤解せずにいただきたいです。

ただ、お客さまへのアプローチをＰＯＰに任せることで、あなたは、お客さまから商品について質問を受け、それに答えるだけで売れるようになるのです。商品が欲しい人に、気兼ねなく売り、気持ちよく買っていただけるようになるのです。

●質問に答えるだけで売れる

「臼井さんのＰＯＰの講座を受講したおかげで、うちの唯一の物販商品が飛ぶように売れるようになりました。施術のときに、説明しながら実演すると帰りに買ってくれるというパターンです」

〔図表33　サービス業における物販の鉄板販売法『POPトライアル法』〕

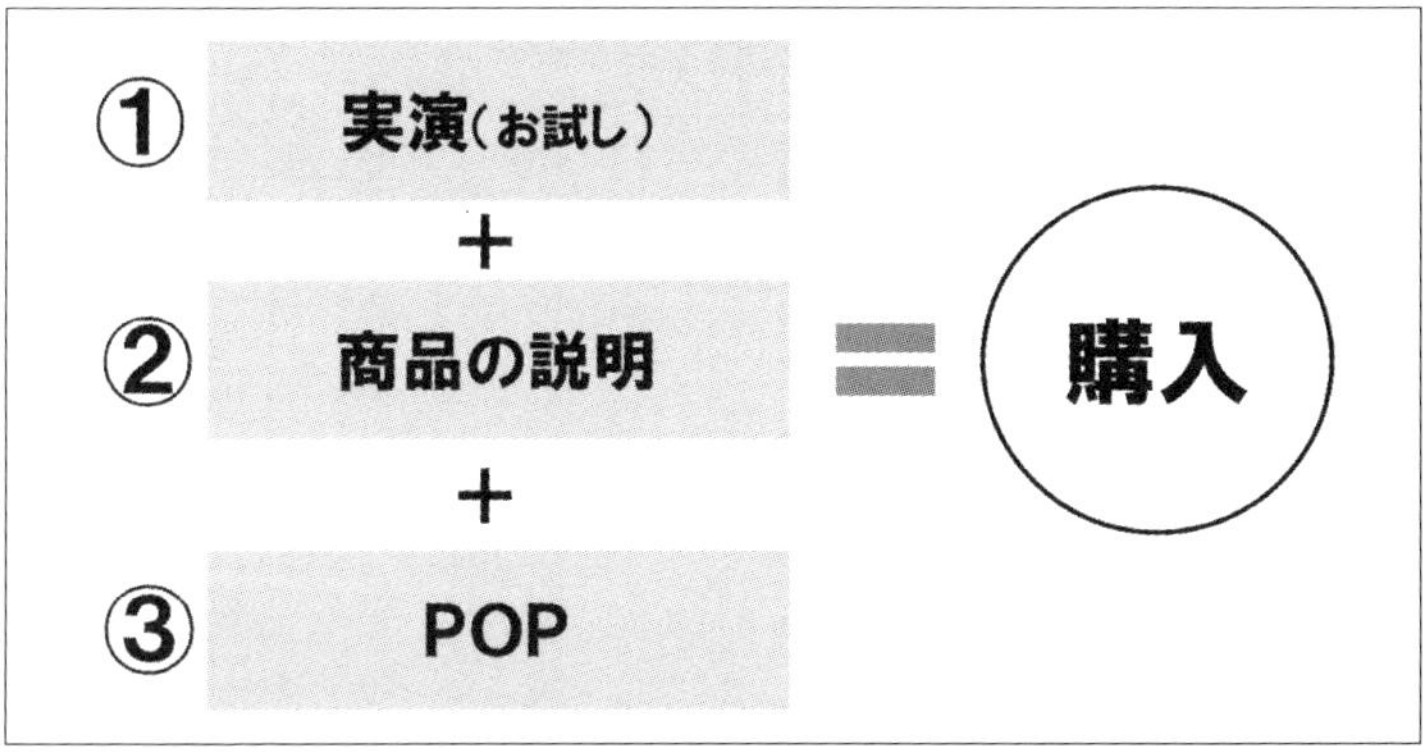

こちらは、以前、ＰＯＰ講座を受講してくださった整体サロンを経営される女性からいただいたメッセージです。

理美容室などサービス業で結果を出された方が、口を揃えて言うセリフに、「お客さまの質問に答えるだけで売れるようになった」というものがあります。

例えば、今回の整体サロンの方であれば、販売したい商品を施術の際に実演して使う。お客さまは合間に商品についたＰＯＰを読んで、質問をする。その質問に答えるだけで、「じゃあ、これください」となる流れです。

●サービス業必見！　究極のＰＯＰ活用術

そう、あなたにも採用していただきたいのは、【実演】↓【ＰＯＰ】の流れをつくることです。美容室であれば、シャンプーを説明しながら使う。シャンプーの後、お客さまの目に付くところに商品とＰＯＰを置いておく。

お客さまは、買わされる（売りつけられる）ことを好みません。自分で判断して買いたいと思っています。そこで、実際に商品を実際に試す機会をつくり、後はＰＯＰを見てもらって、お客さまに判断してもらうようにするのです。

先ほどもお伝えしたように、サービス提供型のご商売で結果を掴んだ方の多くが、この仕組みを活用されています。究極のＰＯＰ活用術とも言えます（図表33）。

売りたい商品があれば、まずお客さまにそのよさを実感させてあげる。その際に、商品を売るのではなく、商品のこだわりを伝えることが大事です。

その後は、商品とＰＯＰをお客さまの目に見える場所に設置するだけ。まずは、この流れをつくってみてください。うまくハマれば、商品は飛ぶように売れていくはずです。

8　事例⑤チラシに活かし、開業以来第3位の売上を達成した洋菓子店

●ＰＯＰは究極の販売ツール

ＰＯＰは、究極の販促ツール。ＰＯＰを制する者は、商売を制す。これまで２０００名以上のＰＯＰ講座受講者、１２０社以上の訪問サポートを通じて実感する事実です。

「お客さまにどんなメッセージを伝えれば喜んでもらえるのか？　心を動かすのか？」ＰＯＰをマスターすれば、見えてきます。お客さまの心を動かす接客ができる販売員は、商品をたくさん売ることができます。お客さまの心を動かすお店には、お客さまが集まります。

●ＰＯＰのノウハウを活用し、折込チラシに挑戦

人口約３０００人の町のある洋菓子店の話です。洋菓子店ですので、商品にＰＯＰを設置するのは、想像できる話です。しかし、ご縁をいただき真っ先に取り組んだのは、ニュースレター（お便り）でした。

こちらのお店では、来店しての購入だけではなく、いわゆる通信販売のようにご連絡をいただき商品を送る注文も多くいただいていました。その話をお聞きしたときに、発送先のお客さまとの関係性を構築することが、さらなる売上アップにつながると感じたのです。

そこで、ＰＯＰノウハウを活かして、既存顧客向けのニュースレターをつくることにしました。

●開業以来第３位の売上を達成

ニュースレターで特に伝えたかったことは、商品へのこだわりも勿論ですが、「このお店は、一体どんなお店なのか？」「オーナーさんは、どんな思いでお店を始めたのか？」など、お店のスタンスを伝える内容でした。完成し、見させていただくと「どんなお店なのか、オーナーさんの思いを通して伝わるメッセージになっているな」と感じたのです。

そこで以前から折込チラシに興味があったオーナーさんに実践を提案。ニュースレターの内容を一部修正し、地元エリアにチラシを折り込みました。すると、チラシの中で紹介していた、ひな祭りケーキは30台近く予約が入り、売上も開業以来第３位を記録したのです（図表34）。

〔図表34　開業以来第３位の売上を記録したチラシ〕

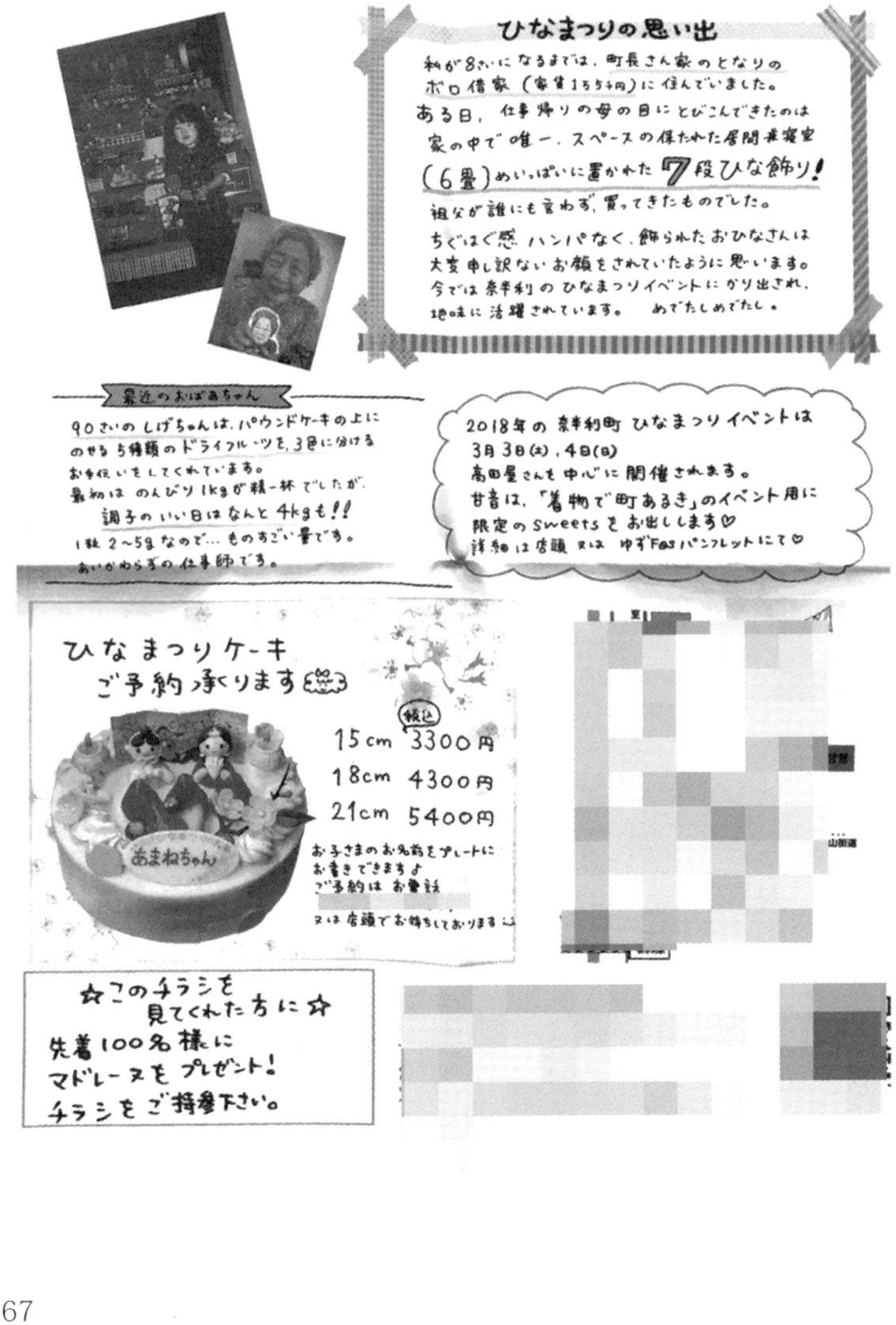
ひなまつりの思い出
私が8さいになるまでは、町長さん家のとなりのボロ借家（家賃1万5千円）に住んでいました。
ある日、仕事帰りの母の目にとびこんできたのは家の中で唯一、スペースの保たれた居間兼寝室（6畳）めいっぱいに置かれた7段ひな飾り！
祖父が誰にも言わず、買ってきたものでした。
ちぐはぐ感ハンパなく、飾られたおひなさんは大変申し訳ないお顔をされていたように思います。
今では奈半利のひなまつりイベントにかり出され、地味に活躍されています。　めでたしめでたし。
最近のおばあちゃん
90さいのしげちゃんは、パウンドケーキの上にのせる5種類のドライフルーツを、3色に分けるお手伝いをしてくれています。
最初はのんびり1kgが精一杯でしたが、調子のいい日はなんと4kgも！！
1粒2〜5gなので…ものすごい量です。
あいかわらずの仕事師です。
2018年の奈半利町ひなまつりイベントは
3月3日(土)、4日(日)
高田屋さんを中心に開催されます。
甘音は、「着物で町あるき」のイベント用に限定のsweetsをお出しします♡
詳細は店頭又はゆずFesパンフレットにて♡
ひなまつりケーキ
ご予約承ります
税込
15cm 3300円
18cm 4300円
21cm 5400円
お子さまのお名前をプレートにお書きできますよ
ご予約はお電話
又は店頭でお待ちしております
あまねちゃん
☆このチラシを見てくれた方に☆
先着100名様にマドレーヌをプレゼント！
チラシをご持参下さい。

●特別なお店になる秘密

チラシをご覧いただくとわかるように、紙面上で伝えられている7～8割が、オーナーさんが商品やお店に抱く、温かい思いです。

モノ（商品）が溢れる成熟した市場において、お客さまが求める情報は「どんな商品なのか？」から「どんな人がお店をやっているのか？」に移行しています。

「どんな思いでご商売をされているのか？」お客さまの心に届いた瞬間に、あなたのお店は特別なお店になるのだと思います。

9　事例⑥オンリーワンに必要なある存在に気づき、業績アップの飲食店

●私が教えるPOPのノウハウ

ここまで読んでいただくとわかるように、私がお伝えするPOPノウハウは、ずばり商品ではなく人を伝える手法です。お店を経営しているあなたは「どんな人なのか？」「どんな思いでご商売をしているのか？」を伝えることで、あなたのファンになってもらう。ファンというと、ありきたりな表現ですが、お客さまにとって、かけがえのない「特別な」お店になる方法です。

ご存知のとおり、多くのお店が、自店の素晴らしさやメリットを伝えています。「うちのお店は、こんなに凄いんだよ」「こんなにこだわって商品を作っているんだよ」と。一方で、お客さまはそ

のメッセージをどのように受け止めているのでしょうか？　あまりにも多くのお店が自社のアピールをするので、「どうせ、また…」と言う感じでスルーしているように思うのです。

●最高の看板メニュー

都内の飲食店さんの話です。こちらのお店のオーナーさんが、印象深い話をされていました。
「以前は、お客さまを惹きつける看板メニューをつくろうとして、迷子になっていたのだけど、実は、自分の思いやお店の雰囲気は、料理に匹敵する最高の看板メニューになる。そう考えると、どんなお店も既にオンリーワンの存在なんだ」と気づかれたそうです。

美味しい料理を提供するお店は、たくさんあるかもしれません。しかし、価値観の合う店主さん、自分が求める雰囲気のお店と出逢える機会は、少ないのではないでしょうか。逆にいうと、ここにお客さまにとっての特別なお店になる秘密が隠れていると考えています。

●存在意義を感じる商売を実現

前述の飲食店さんは、選ばれるお店になるためには「提供する料理は勿論、何より料理を提供する人間を伝える重要性」をＰＯＰノウハウを通じて学ばれました。そして、それをチラシに活用し、お店の近隣地区へポスティング。すると、「どんな方がお店をされているのか知りたくて来てみました」と言ってくださるお客さまが、どんどんお店に来店されています。

さらに、オーナーさんは言います。「看板商品は、たしかにお店にとって強力な武器の1つ。ただ一方で、近所に新しい同業のお店がオープンしてしまえば、もしかするとお客さまは一気に奪われてしまうかもしれない。だからこそ、人や人がつくり出すお店の空気感に共感していただくことが大切じゃないか」と。

メッセージの伝え方にも様々な方法があります。人を伝えることが唯一の方法と言うつもりはありません。しかし、「自分は一体どんな人間なのか？」自分の人間性をわかってもらったうえで、お客さまに集まっていただける。継続して利用していただける。これほど自信になり、ご商売を通じて存在意義を感じられる瞬間は他にあるでしょうか。

10　事例⑦1枚のチラシからラジオ出演、集客へつなげた中古バイク店

●マスコミを味方につける

ＰＯＰノウハウを活用すれば、商品が売れるだけでなく、マスコミから取材を受けることも可能です。

マスコミに出演すれば、お店の認知度は一気に高まります。集客にも直結します。「マスコミの取材を受けるお店＝人気のお店・信頼できるお店」という印象を持たれやすいので、お客さまへのイメージもよくなります。

産直店時代に、何度かテレビなどの取材を受けたことがありますが、その効果は凄まじいです。媒体によって効果が続く期間はまちまちですが、いずれの場合も売上は一気に伸びました。

しかも、無料。こちらからお金を支払い、お願いするのではなく、先方から依頼をいただき取材を受ける。無料でお店の認知度が高まり売上も上がる。これほど美味しい話はありません。次にお話しするのは、実際に、ある会員さんのお店で起こったことです。

●ある日、チャンスが舞い込んだ

毎月お会いし、継続的にご縁をいただいている地方のあるバイク中古販売店さん。「今まで使っていたチラシをブラッシュアップしたい」というご相談がきっかけでした。勉強熱心な会員さんで、既にマーケティングノウハウがたっぷり詰め込まれたチラシをご自身でつくられていましたし、集客にもつながっていました。

しかし、「プロの視点から、さらにブラッシュアップして欲しい」とのお話で、新たなスパイスを付け加えました。そのチラシを定期的に新聞折込やポスティングしていきました。すると、ある興味深い出来事が起きました。

会員さんのチラシが、あるラジオ番組の編集担当の方の目に留まり、「ラジオに出てもらえないか？」出演依頼が舞い込みました。「これはチャンスですよ」と２人で盛り上がりながら、会員さんに出演していただきました。

●ラジオ出演につながった理由

効果はテキメン、ラジオを聞かれた複数の方からバイクの買取や注文のご連絡をいただきました。無料のラジオ出演から数か月経過した現在も、いまだに集客につながり続けています。

先程お伝えしたように、ラジオ出演の依頼が入ったキッカケは、1枚のチラシです。おそらく番組の担当の方はチラシを見たときに「このお店は信頼できる。このお店なら大丈夫」と感じられたのだと思います。その理由は、会員さんのお人柄やご商売への姿勢が前面に出たチラシ紙面だったからです。もしこれが、商品の特長を伝えるだけのものであれば、ここまで話は膨らまなかったと思います。

●なぜ、ＰＯＰを学べば集客も実現するのか？

ここまでお伝えしてきたように、商品を購入してもらったり、来店していただくには、お客さまの心を動かさなければなりません。お客さまが心を動かすポイントは、様々です。そのためのテクニックを伝える本なども存在します。しかし、そこに執心し過ぎないでいただきたいのです。

お客さまは、私たちが思っている以上に、敏感です。販売者側の都合でつくられたメッセージを伝えれば、それは見事に見破られます。

あなたの言葉で伝える。心から感じる思いをメッセージにして届ける。その結果、あなたのお店は、あなたの思いに共鳴するお客さまが集まって来てくれるのです。

おわりに

ここまで読んでくださったあなたは、相手に何かを伝えるためには特別なテクニックを使うのではなく、あなたの言葉を伝えることが何より大切だと感じていただけたのではないでしょうか。

私は、ＰＯＰに人生を救ってもらいました。転職を繰り返し、フラフラしていた20代。ＰＯＰを使って自分の思いを伝えることで、お客さまに受け入れてもらえ、自信を取り戻すことができました。

自分の話に耳を傾けてもらえる。信じてもらえる。自分の存在を認めてもらえた気がして、自分の仕事に誇りを持つことができました。最高のご褒美でした。

あなたなら大丈夫。既に相手の心に響くメッセージを生み出すスキルを手に入れました。あとは実践するだけです。

そろそろ、お別れです。さようならの前に、一通のメッセージを紹介させてください。以前、ＰＯＰセミナーを開催した際に、参加者の方からいただいたご感想です。ここに私が伝えたかった全てが凝縮されています。

「治療院にＰＯＰは不似合いだと思ってました。でも、自分の治療に対する思いや説明を、楽しい感じで伝えれそうな気がします。もっともっと楽しく関係性をつくって、人生を楽しみたくなりました」

あなたにも、こんな風に感じていただけていれば、それだけでこの本の目的は達成です。

最後に、事例として掲載をご協力いただだいた仲間の皆さまに感謝を申し上げます。

そして、自分にはなかった新たな視点からＰＯＰの可能性に気づかせてくださった、上村さん。そのお言葉に何度も勇気をいただきました。本当にありがとうございました。

あなたとどこかで、お会いできることを楽しみにしています。そのときは、思いを伝え合う仲間としてハグしあいましょう。

最後まで読んでいただき、ありがとうございました。

臼井　浩二

読者限定無料プレゼント

本書の理解がさらに深まる 解説動画プレゼント

臼井浩二本人による本書をテキストとした、
解説動画をプレゼントします。

本書の中では書ききれなかったノウハウやヒントを学んでいただくことで、あなたの実践をサポートし、繁盛店へと導きます。

**さらに、
動画をご覧の方に下記特典を
無料プレゼント!**

①ＰＯＰ添削ナマ事例（動画）

本書で紹介した３枚のＰＯＰを分析。「なぜ売れたのか？」"マル秘"ポイントを公開します。
表面上のテクニックではなく、本質を掴めるので、再現性が高まります！

②ＰＯＰ「Q&Aリスト集」ベスト３（音声）

最も多い質問のベスト３をご紹介。他店が足踏みしている間に、あなたは成果を一気に掴めます！

プレゼントの入手方法はこちら

**無料プレゼントを入手するには、
こちらへアクセスしてください
www.tegakihansoku.com/syoseki**

※無料プレゼントはWeb上で公開するものであり、小冊子やDVDなどをお送りするものではありません
※本キャンペーンは予告なく変更、終了となる場合がございます。あらかじめご了承ください

著者略歴

臼井　浩二（うすい　こうじ）

「商品・お客さま・従業員」３つの変化を引き起こすPOPコミュニケーション（通称ポプコミュ）提唱者。
転職すること５回。青い鳥を求め、国内に留まらず海外へ。挙句の果てには新婚旅行前日に辞表を提出し、険悪な雰囲気のままハネムーンへ。そんな何をやっても堪え性がなかった人間が、あるとき、お客さまとコミュニケーションをとることが天職だと気づき、そこから人生の歯車が動き始める。本書はその体験とPOPをつかったコミュニケーション術をノウハウ化し綴ったもの。
正社員２名、売場面積30坪の小さな産直店でほぼ販促費ゼロのなか、年商１億３千万円を達成。パート募集をすれば「娘を働かせたい」とお客さまが順番待ち。自らの現場経験をもとに、現在は実店舗の販促・集客の支援を行う。訪問サポート実績は120社を超え、上場企業の展示会でのセミナーや企業研修など累計受講者数は2000名以上。
自治体や商工会でのアドバイザーを務めるほか、担い手育成のため、大学や専門学校などで非常勤講師も務める。
臼井浩二公式ブログ：www.hansokuclub.com
www.youtube.com/c/tegakihansoku
www.facebook.com/usui.koji

選ばれるお店　繁盛店になるための最強ツール50のポイント

2019年９月5日　初版発行　　2023年１月12日　第３刷発行

著　者　臼井　浩二　© Koji Usui

発行人　森　忠順

発行所　株式会社 セルバ出版
〒113-0034
東京都文京区湯島１丁目12番６号 高関ビル５B
☎03（5812）1178　FAX 03（5812）1188
https://seluba.co.jp/

発　売　株式会社 創英社／三省堂書店
〒101-0051
東京都千代田区神田神保町１丁目１番地
☎03（3291）2295　FAX 03（3292）7687

印刷・製本　株式会社 丸井工文社

●本書の内容に関する質問はFAXでお願いします。

Printed in JAPAN
ISBN978-4-86367-518-6